Diccionario Gitano de los Sueños

Diccionario Gitano de los Sueños

Raymond Buckland

Grupo Editorial Tomo, S. A. de C. V.
Nicolás San Juan 1043
03100 México, D. F.

1a. edición, mayo 2001.
2a. edición, marzo 2002.
3a. edición, abril 2006.

Translated from
Gypsy Dream Dictionary

Published by Llewellyn Publications
St. Paul, MN 55164 USA

Nicolás San Juan 1043, Col. Del Valle
03100 México, D.F.
Tels. 5575-6615, 5575-8701 y 5575-0186
Fax. 5575-6695
http://www.grupotomo.com.mx
ISBN: 970-666-375-4
Miembro de la Cámara Nacional
de la Industria Editorial No 2961

Traducción: Graciela Frisbie
Diseño de portada: Emigdio Guevara
Supervisor de producción: Leonardo Figueroa

Impreso en México - *Printed in Mexico*

Se revelan los secretos de los gitanos

Mientras vas volando entre la niebla, de pronto ves a un niño en un árbol de manzanas tocando el violín. Te da una manzana roja y sonríe. ¿Qué te está diciendo este sueño?

El mundo de los sueños tiene su propio lenguaje; un lenguaje visual y simbólico, lleno de claves desconocidas y significados ocultos. Aprende a descifrar con precisión las experiencias de tus sueños, utilizando la sabiduría del pueblo gitano, cuya antigüedad rebasa los siglos. El *Diccionario Gitano de los Sueños* contiene más de 850 símbolos que te ayudarán a comprender los mensajes de tus sueños.

¿Qué es soñar con lucidez? ¿Qué es un despertar falso? ¿Cómo puedes experimentar sueños proféticos o viajes astrales? El *Diccionario Gitano de los Sueños* responde estas preguntas y muchas más. Aprenderás los secretos del mundo de los sueños, secretos que te ayudarán a entender mejor este reino e incluso a dirigir tus experiencias al soñar.

Con este valioso manual como guía, tus excursiones nocturnas al país de los sueños pueden ser trayectos satisfactorios llenos de descubrimientos y aventuras.

Sobre el Autor

El abuelo de Ray Buckland fue el primero de los gitanos Buckland que dejó de viajar en carretas y se estableció en un hogar permanente. Ray recuerda haber escuchado, desde su infancia, los relatos de su padre y su abuelo sobre la vida de los Romani, y haber observado a su abuela leer las cartas y predecir el futuro. "Buckland" es un nombre muy conocido entre los gitanos ingleses, y Ray Buckland se ha convertido en un autor muy conocido de libros de magia práctica. En la actualidad se le considera una de las autoridades más importantes en los temas de brujería, vudú y lo sobrenatural.

Contenido

Prefacio a la segunda edición ix

Capítulo 1
El mundo interno de los sueños 1

Capítulo 2
El simbolismo en los sueños 15

Capítulo 3
Interpretación de los sueños 23

Capítulo 4
Sueño lúcido 31

Capítulo 5
Sueños proféticos 39

Capítulo 6
Cómo soñar con provecho 49

Capítulo 7
Proyección astral 67

Capítulo 8
Diccionario gitano de los sueños 85

Índice 247

Prefacio a la segunda edición

Parece que la mayoría de las personas recuerdan sus sueños. No todas, ciertamente, pero la mayoría. Y ya sea que estemos conscientes de ello o no, los sueños tienen una influencia muy profunda en nuestro bienestar. Los científicos han comprobado que los sueños son necesarios; ¡sin ellos posiblemente nos volveríamos locos! Al examinar nuestros sueños, podemos establecer cuáles son nuestras necesidades físicas y mentales con el fin de introducir equilibrio en nuestra vida.

Los gitanos no están especialmente conscientes de esta necesidad, pero saben quc cntre el gran número de personas que sí sueñan, hay muchísimas que no entienden el significado de lo que sueñan. De hecho, es probable que la mayoría de quienes sueñan no entiendan el significado de lo que han experimentado. Los gitanos creen que los sueños son conocimientos especiales que nuestros antepasados nos presentan. Son conocimientos que pueden beneficiarnos si los reconocemos y los usamos.

La interpretación de los sueños siempre ha sido fascinante para la gente y se han escrito muchos libros sobre el tema. En mi primera edición de este libro, titulada *Secrets of Gipsy Dream Reading (Los Secretos de los Gitanos respecto a la Interpretación de los sueños)* mostró que la interpretación de los sueños que hacen los gitanos se respeta de manera muy especial. Los Romani (Rom) han vivido como nómadas durante muchas generaciones, y en sus viajes han amasado un tesoro de información sobre los sueños, y los toman muy en serio. Muchas personas le confían a un gitano desconocido más de lo que le confiarían a un profesional médico, cuando se trata de detalles sobre lo que han soñado. En esta forma, los Rom han podido encontrar con exactitud muchos de los pequeños detalles que se encuentran en lo que revelan las pesadillas. Se han convertido en "intérpretes magníficos" cuando se trata de sueños.

El tiempo no se detiene, incluso para gente tan atada a las tradiciones como los Rom. Los *vardos* (antiguos carruajes tirados por caballos) han sido reemplazados por casas móviles y remolques, muchos de los cuales tienen televisión. ¡Algunos gitanos incluso han empezado a usar computadoras! Por lo tanto, no es sorprendente que también se hayan mantenido a la vanguardia en la interpretación de los sueños.

En esta nueva edición del libro, que ahora lleva el título de *Diccionario Gitano de los Sueños,* he incluido el simbolismo de las computadoras, la televisión, el cine y temas similares. Sin embargo, los gitanos parecen ser más capaces de interpretar incluso los sueños modernos relacionados con la tecnología, mejor que ninguna otra persona. Las interpretaciones que se encuentran en este libro son más precisas, más cercanas a los significados verdaderos, que las que se encuentran en la mayoría de los libros sobre sueños.

He seguido con mis investigaciones sobre la vida de los gitanos, como se puede ver en mi reciente libro *Gypsy Witchcraft and Magic (Brujería y magia de los gitanos)* (Llewellyn, 1998) y esto siempre ha incluido estudios profundos sobre la interpretación de los sueños. En mi opinión, los gitanos son los mejores intérpretes de este fascinante aspecto de nuestra vida que se entiende tan poco.

—Septiembre de 1998

Capítulo 1

El mundo interno de los sueños

La epopeya babilónica de *Gilgamesh*, es uno de los escritos más antiguos que se conocen y data de hace 4,000 años. Está llena de sueños, de imágenes de sueños y su interpretación. Los papiros egipcios sobre la interpretación de los sueños datan de 2,000 años antes de nuestra era. En Asiria, en la biblioteca real del Rey Assurbanipal (cerca del año 650 antes de nuestra era), había tablillas de arcilla llenas de interpretaciones de los símbolos de los sueños.

A pesar de que los sueños todavía son un misterio para la humanidad, son lo bastante comunes en la actualidad para ser aceptados sin cuestionamientos. Todos sueñan. Algunas personas rara vez recuerdan sus sueños, pero sí los tienen. De hecho, se cree que si no tuviéramos sueños, nos volveríamos locos. Sin embargo, no soñamos desde el momento en que nos quedamos dormidos hasta que despertamos. Tal vez soñemos siete veces en una noche, a intervalos de aproximadamente una hora.

El egipcio, Thutmosis IV (1425-1408 antes de nuestra era), antes de llegar a ser Faraón, soñó que Harmakhis, el Dios Sol, se le aparecía y le decía que quitara la arena que se había acumulado cerca de la Esfinge (la cabeza de la Esfinge es una representación de Harmakhis, una forma de Ra). Thutmosis lo hizo en cuanto ascendió al trono, ya que creía que el dios realmente le había hablado. Desde hace mucho tiempo se cree que los sueños no son simplemente imágenes de pesadillas carentes de consecuencias, sino que son mensajes importantes, sin importar dónde creamos que se originan.

Un desconocido escritor judío del siglo tercero dijo que los sueños son como una carta sin leer. De hecho, el punto de vista moderno es que un sueño es una carta para uno mismo. Pero, ¿está dirigida a "uno mismo" (en otras palabras se origina en el interior) o nos la envía otro? ¿Es su origen una fuente externa?

En la epopeya de *Gilgamesh* encontramos estas líneas:

> Excavaron una zanja frente al dios Sol.
> Gilgamesh estaba de pie en la pendiente de la zanja
> y vació harina en ella diciendo:
> "¡Oh, montaña! ¡Tráenos sueños!"

Por lo tanto, los sueños se han considerado señales y portentos sobre el futuro.

En el siglo segundo antes de nuestra era había más de 300 templos esparcidos a lo largo de Grecia y otros países mediterráneos que estaban dedicados a Escolapio y su propósito era inducir sueños proféticos. Estos sueños por lo general tenían que ver con la curación de los males que sufría el que los soñaba. Un paciente podía ir al templo y someterse a un periodo de ayunos y purificaciones rituales antes de dormir. Después, a través de sus sueños, recibía del dios la clave para su curación. Al principio, los sueños se buscaban para conseguir respuestas a una amplia variedad de preguntas y problemas personales, pero poco después los soñadores se concentraron en sus problemas de salud.

Aristóteles escribió tres ensayos sobre los sueños, pero no creía que fueran mensajes de los dioses.

Es probable que Artemidorus, el adivino romano, haya sido el primero que compiló e hizo circular un diccionario de los sueños, escrito en el segundo siglo de nuestra era. Se llamaba *Oneirocritica*, que literalmente significa: "juzgar los sueños". Se tradujo al inglés en 1644[1] con el título

[1] La ciencia o el arte de la interpretación de los sueños en ocasiones se llama "oneiromancia".

de *La Interpretación de los Sueños.* Artemidorus pasó muchos años viajando por Grecia y otras zonas, visitando los templos de los sueños y hablando con los interpretes de sueños. Él distinguía cinco tipos diferentes de sueños: proféticos, simbólicos, fantasías, pesadillas y el soñar despierto. A partir de sus estudios, proclamó que los sueños no se podían interpretar sin tener en consideración la personalidad y las circunstancias del que los había soñado, y que cada símbolo debe verse dentro del contexto del sueño completo.

Muchos pueblos primitivos sienten un gran respeto por los sueños. Por ejemplo, los Senoi de la Península de Malaya consideran que sus sueños son tan importantes como su vida cotidiana. Animan a sus niños a recordar los detalles de sus sueños y a profundizar en ellos buscando cualquier cosa que pueda contribuir a la vida cultural de la tribu: un relato, un poema, una danza o una idea. "La hora de los sueños" es una parte muy importante de la vida de los aborígenes de Australia. Los amerindios consideran que los sueños son mensajes especiales del mundo de los espíritus.

Los Gitanos y los Sueños

Los gitanos dan mucha importancia a los sueños y son famosos como intérpretes de sueños. Aunque los gitanos de Túnez y Argelia son reconocidos como expertos en este campo, los gitanos ingleses ciertamente han estado practicando la interpretación de sueños a lo largo de muchas generaciones.

Al igual que todos los demás gitanos, los gitanos itinerantes de Inglaterra afirman que a través de los sueños reciben conocimientos secretos que podrían afectar su futuro en forma positiva o negativa. Creen que los sueños vienen de los espíritus de sus antepasados.

En mis dos libros anteriores sobre los gitanos (*Secrets of Gypsy Fortunetelling* y *Secrets of Gipsy Love Magick: [Secretos de la adivinación de los Gitanos y Secretos de la magia del amor de los gitanos])*, describí cómo las personas solían visitar a los gitanos en sus campamentos, ya sea para que les dijeran su buenaventura o para aprender magia. La interpretación de los sueños era, y sigue siendo, otra razón para esas visitas. Muchas personas, sin importar mucho si vienen del campo o de la ciudad, tienen curiosidad respecto a las "películas nocturnas de su mente" y se preguntan si podrían ser algo más que "películas" para el entretenimiento de su ser inconsciente.

Los investigadores han determinado que la acción de soñar tiene un significado especial. Se sabe que una persona que duerme está soñando porque se ve un movimiento rápido en sus ojos. Este fenómeno se conoce como REM, de las siglas de la frase inglesa: Rapid Eye Movement. Los investigadores han descubierto que si despiertan a una persona en cuanto empieza a soñar (en cuanto empieza el REM), se requerirá mucho menos tiempo para que empiece el REM cuando se vuelve a dormir. Si se le vuelve a despertar, se requerirá aún menos tiempo, y así sucesivamente. De hecho, parece que lo que uno necesita es la acción de soñar, no el dormir en sí. Llevando esto a un extremo, parecería que si a una persona no se le permite soñar mientras duerme, empezará a soñar estando despierto.

En realidad, los gitanos son muy observadores, y en muchos aspectos, muy prosaicos. Lo primero que hace un gitano bien informado cuando se le pide el significado de un sueño en particular, es preguntar sobre la salud general y los hábitos alimenticios de la persona. La mayoría de las personas, incluyendo a los gitanos, están conscientes de que muchos sueños son sólo el resultado de excesos en el comer y en el beber. Charles Bowness nos dice lo siguiente en *Romany Magic (La magia de los gitanos)* (Samuel Weiser, Nueva York 1973):

> Además de los sueños producidos por trastornos estomacales, están los producidos por alguna agitación corporal a causa de una experiencia anterior ya sea agradable o desagradable. Otra causa es la tensión producida por darle vueltas en la cabeza a un problema, un temor o un suceso futuro.
>
> Con el fin de detallar más las categorías, los sueños de terror pueden deberse a un

leve desorden cardiaco temporal. De manera similar, un trastorno pulmonar puede ocasionar un sueño en que haya derramamiento de sangre. Si en un sueño se experimenta una gran dificultad, como abrirse camino entre la jungla o tratar de penetrar un muro, es posible que se tengan problemas en el hígado. Si se sueña con dolores agudos, puñaladas en la espalda y cosas similares, la causa es un problema en los riñones. Si un sueño contiene algún elemento de regularidad hipnótica, como el balanceo de un péndulo, tal vez exista una tendencia a la anemia.

Es obvio que no podemos simplemente tomar un sueño y decir: "Ah, sí. Eso significa tal o cual cosa". Entonces, la pregunta es: ¿qué sueños pueden interpretarse? Los gitanos dicen que cualquier sueño se puede interpretar, en especial si es vívido, si permanece con la persona después de despertar. Además, debe ser un sueño que la persona tenga estando bien de salud y sin haber tenido excesos la noche anterior.

Explayarse en el Sueño

El problema inmediato es que a la mente inconsciente no le agrada desprenderse de las cosas. No le agrada dejar un sueño tal como se espera que lo haga. En lugar de eso, lo ornamenta y lo sigue ornamentando. De modo que cuanto más tiempo pases tratando de recordar los detalles de un sueño, más detalles vas a recordar, o parecerás recordar. Por esta razón, es muy importante escribir cada detalle que recuerdes de un sueño en el momento de despertar. Si te detienes a desayunar, o incluso a tomar sólo una taza de café, empezarás a "recordar" más detalles del sueño. ¡Pero no se puede garantizar que esos detalles hayan sido en realidad parte del sueño! Al avanzar el día, sigues pensando en el sueño y pareces recordar más y más sobre él; es como si estuvieras llenando los espacios en blanco. ¡Pero es mucho más probable que estos "recuerdos" sean ornamentos que la mente inconsciente está añadiendo al sueño para hacerlo más interesante!

Charles Godfrey Leland en su libro *Gypsy Sorcery and Fortune Telling,* 1891 *(Hechicería y nigromancia de los gitanos)* describe lo "solapada" que puede ser la mente inconsciente, al relatar un sueño que tuvo mientras estaba en Alemania:

> Pensé que estaba en la cama y sin embargo, no sabía exactamente donde estaba. En una ocasión percibí la anomalía, y me angustiaba mucho saber si estaba despierto o en un sueño. Parecía ser un inválido. Me di cuenta, o supe, que en otra cama que estaba cerca de la mía, estaba una enfermera o una asistente. Le rogué que me dijera si estaba yo soñando, y si era así, que me despertara. Ella trató de convencerme de que estaba en mi vida ordinaria, que estaba despierto, pero eso no me tranquilizó. Me levanté y salí a la calle. Ahí me topé con dos o tres hombres

comunes. Dudé mucho antes de hablarles sobre este tema tan singular, pero les dije que estaba angustiado porque temía estar en un sueño, y les supliqué que me sacudieran o que apretaran mi brazo. No recuerdo si hicieron lo que les pedí, pero seguí caminando y encontré a tres caballeros a quienes les pedí lo mismo. Uno de ellos de inmediato dijo que me recordaba, y que me había conocido en Cincinnati. Me dio un apretón en el brazo, pero eso no tuvo ningún efecto. Empecé a creer que realmente estaba despierto. Regresé a la habitación; escuché a un niño hablando cerca de la enfermera. De nuevo le pedí que me estrechara la mano. Lo hizo con tanta fuerza que quedé totalmente convencido de que no estaba soñando. Y en el mismo instante en que estuve seguro de estar en la realidad, se apoderó de mí la sensación de la llegada de una pesadilla; ¡y desperté!

De modo que en el momento que estuvo seguro de que no estaba soñando, despertó... ¡lo que probó que en realidad estaba soñando! A menudo tenemos sueños en los que no estamos seguros si estamos soñando o estamos despiertos. En ocasiones parecerá que estás despierto, que te levantas de la cama, te vistes, vas a la cocina... y entonces, de pronto, ¡descubres que todavía estás en la cama! Esto se conoce como el "despertar falso". En este caso, lo más probable es que hayas experimentado un breve momento de proyección astral, lo que está vinculado con muchos sueños (Ver el Capítulo 7 para mayor información sobre la proyección astral).

Sueño Lúcido

Por el contrario, hay ocasiones en que puedes estar soñando y darte perfecta cuenta de que estás dormido y estás soñando. De hecho, puedes ver tu sueño como una tercera persona, e incluso dirigirlo. Esto se conoce como "sueño lúcido" y hablaré más de él posteriormente en este libro.

Lo que intriga a la mayoría de las personas es el misterio del significado de los sueños. Cuando despiertas y realmente recuerdas lo que soñaste, quieres saber el significado de ese sueño. Suponiendo que cumplas con los criterios de los gitanos, es decir, que tienes buena salud y no tuviste excesos la noche anterior, entonces podemos examinar lo que hayas experimentado. Las interpretaciones que presento en este libro son las que he coleccionado de entre los gitanos en las Islas Británicas. He estudiado muchos "diccionarios de sueños" y me parece que, por alguna razón, las interpretaciones de los gitanos son mucho más relevantes que las de otras personas. Tal vez es porque las interpretaciones de los gitanos se basan en sus convincentes observaciones de la naturaleza humana, que han asimilado a lo largo de muchas generaciones.

Capítulo 2

El simbolismo en los sueños

La ciencia moderna nos dice que soñamos del 25 al 50 por ciento del tiempo que estamos dormidos. Tenemos un promedio de seis periodos de sueño cada noche, y cada sueño puede durar hasta cuarenta minutos. Aparentemente, si no tuviéramos estos sueños, enloqueceríamos. La mayoría de los sueños provienen de nuestra mente inconsciente que está tratando de hacernos llegar un mensaje que afectará nuestro bienestar.

Los gitanos creen que estos mensajes vienen de los espíritus de nuestros antepasados. ¿Quién podría decir que están equivocados? Tal vez eso es, precisamente, nuestra mente inconsciente: estímulos de los espíritus. Lo importante es que si estamos recibiendo estos mensajes por nuestro propio bien, sería nuestra responsabilidad tratar de entenderlos, de escuchar a los espíritus. El inconsciente, o los espíritus, emplean símbolos que nos son familiares. Nos presentan un mensaje utilizando objetos que están presentes en nuestra vida cotidiana, de modo que podamos entender mejor lo que se nos está comunicando.

Sigmund Freud creía que la mente inconsciente contiene material reprimido: deseos, pensamientos, experiencias que el individuo no está dispuesto a aceptar en su mente consciente. Por consiguiente, se reprimen y con frecuencia se disfrazan. Carl Jung llamaba a este material reprimido "Inconsciente Personal". Creía que también había una "Inconsciencia Colectiva" que contenía elementos de las memorias y experiencias de una raza.

Simbolismos Universales y Personales

Existen dos clases de símbolos que vemos en los sueños: símbolos *universales* y símbolos *personales*.

Supongamos que sueñas con un castillo. Quizá estés viendo demasiadas películas que pasan por televisión a altas horas de la noche; películas sobre vampiros, fantasmas u ogros de uno u otro tipo, que viven en castillos. Por eso, es posible que de manera automática asocies los castillos con la maldad. Puedes hacer esto de manera consciente, o tal vez los asocies de manera inconsciente. De cualquier manera, cuando piensas, ves o sueñas castillos, tienes un concepto del "mal". Pero podrías tener un amigo cercano que se interesa en la arquitectura y considera que los castillos son hermosos; la máxima expresión de la arquitectura. Para él sería ridículo relacionar los castillos con la maldad. Tal vez otra persona creció en Europa y de hecho vivió en un castillo durante cierto tiempo. No considera que los castillos sean malos ni hermosos, y ¡simplemente sabe que son fríos, húmedos y llenos de corrientes de aire!

De modo que aquí tenemos tres reacciones totalmente distintas ante los castillos. Por consiguiente, son interpretaciones *personales*. Si cualquiera de estas tres personas soñara un castillo, tendría que considerar su punto de vista personal para decidir cuál es el significado del sueño.

No obstante, los castillos también tienen un simbolismo universal. Se relacionan con la ambición. La ambición es una de las interpretaciones que la mayoría de las personas usaría si no tiene sentimientos fuertes y personales respecto a los castillos. Como dije en *Complete Book of Whitchcraft (Texto completo sobre hechicería)*, publicado por Llewellyn en 1986:

> El simbolismo universal incluye aquello que sigue siendo cierto para toda la humanidad a través de los siglos. Esto incluye colores, números, formas e identidades sexuales (es decir: femenino y

masculino). Vienen de la conciencia superior y por lo tanto son eternos.

Daré algunos ejemplos relacionados con el transporte:

> Es un símbolo universal de progreso espiritual. Al avanzar la tecnología material, la aplicación de la simbología ha avanzado con ella. De modo que el transporte podría tomar uno de los medios de transporte modernos, como los cohetes, los aviones, los barcos de vapor, los trenes o los automóviles, o alguno de los medios de transporte más antiguos como montar a caballo u otras bestias, o caminar.

Por consiguiente, cuando empieces a interpretar tus sueños, debes considerar cada uno de estos símbolos y decidir lo que significan para *ti*. Si algo tiene un significado *personal* especial, básate en eso. Pero si no tiene un significado especial, interprétalo de acuerdo con el simbolismo universal.

Por lo tanto, es obvio que en el caso poco común de que dos personas soñaran lo mismo, el sueño no significaría lo mismo para ambas. Así como al leer las cartas, ningún par de cartas significa lo mismo para dos personas distintas.

Cuando un gitano te interpreta un sueño, te hace muchas preguntas para descubrir tus significados personales para cada uno de los símbolos.

Por esta razón, al enumerar los símbolos de los sueños en el Diccionario Gitano de los Sueños (Capítulo 8), sólo puedo presentar los significados universales. Lo que debes hacer es ver si ese significado es coherente para ti o si tienes un sentimiento más personal, más fuerte, respecto a ese símbolo; un sentimiento o interpretación que es mucho más importante para ti como individuo. Como dijo Carl Jung: "Ningún sueño puede separarse de la persona que lo sueña".

Antes de entrar de lleno a la lista de los símbolos y sus significados universales, me gustaría profundizar más en la interpretación en sí, y también hablar de los sueños proféticos que te dicen algo sobre el futuro. También me gustaría hablar de la manera de decidir, con anticipación, lo que quieres soñar... ¡aunque sea ganar la carrera de caballos de mañana!

Capítulo 3

Interpretación de los sueños

Con el fin de encontrar el verdadero significado de tus sueños, debes estudiar sus componentes y la forma en que se relacionan entre sí. No puedes simplemente considerar un aspecto e ignorar todos los demás. De la misma manera, *no todo* lo que hay en un sueño tiene importancia.

Por ejemplo, si sueñas que entras a un cuarto y al mirar a tu alrededor ves todo lo que hay en el cuarto: las sillas, una mesa, un librero, los cuadros que hay en las paredes, el mobiliario, las decoraciones, no significa que cada artículo tenga un profundo significado interno y tenga que interpretarse. Muchos son como el escenario de una obra teatral o una película; están ahí simplemente como un contexto general, un marco para la acción importante. ¡Este es el problema que tenemos con muchos libros sobre sueños que explican 1,000, 10,000, 50,000 símbolos de sueños o más! Puedes concentrarte tanto en verificar todo lo que recuerdas, que pierdes el mensaje principal del sueño. Lo único que tienes que verificar son los componentes *más importantes*. Son los que realmente te impactan; los que realmente destacan. A menos que uno de los cuadros que hay en las paredes del cuarto que soñaste atrape tu atención, puedes ignorarlo como una simple decoración en el escenario. Por otra parte, si ves que uno de los cuadros, una mesa o cualquier otro objeto, capta tu atención con fuerza, tal vez tenga importancia y vale la pena investigarlo.

Las Personas que Aparecen en los Sueños

Deberías estudiar en especial a las personas que aparecen en tus sueños y qué relación tienen contigo. Por lo general, el *protagonista* de un sueño te representa a *ti*, sin importar quien sea. Digamos que sueñas con tu tío Carlos (alguien que siempre te agradó y admiraste) y lo ves haciendo algo que no debería estar haciendo. Por ejemplo, digamos que está bebiendo whiskey y fumando cigarillos; algo que normalmente no haría. La razón por la que lo hace es que el "Tío Carlos" del sueño no es el Tío Carlos... eres *tú*.

Tu mente inconsciente sabe que mostrarte bebiendo y fumando no te causaría mucho impacto, ya que es algo que haces regularmente. Pero mostrar a tu tío favorito fumando y bebiendo, cuando no es algo que haga normalmente, tendrá un fuerte impacto sobre ti. Tal vez haga que dejes esos hábitos, que tu inconsciente sabe son dañinos.

Otro ejemplo: ¡podrías soñar a tu hermanita azotando a las personas que están cerca de ella con un látigo de cuero sin curtir! Eso no tiene sentido para ti, porque tu hermana es una dulzura. Pero el símbolo universal de un látigo es una lengua hiriente y mal genio, que son cosas que realmente pueden lastimar a la gente. En el sueño, tu hermana te representa a ti, con el fin de causarte un mayor impacto. Tu mente inconsciente te está señalando que tu mal genio y tu lengua hiriente pueden lastimar a otros, y deberías hacer algo al respecto.

De modo que lo primero que hay que recordar al interpretar tus sueños es que no todos los que aparecen en ellos son quienes parecen ser. En lo que se refiere a los protagonistas de los sueños, uno o más de ellos simplemente te estarían representando. Toma en cuenta esa posibilidad en primer lugar para ver si tiene sentido. Estúdialo para ver si contiene otras claves sobre el hecho de que el que aparece en ese sueño puedas ser tu.

Cómo Interpretar un Sueño "Ordinario"

Ahora veamos un sueño más largo y complicado en el que apareces como tú mismo. Supongamos que eres capaz de recordar todos los detalles del sueño o la mayor parte de ellos; el sueño parece ser un sueño ordinario: una caminata en el campo.

Vas caminando por una vereda en el campo con una mochila a la espalda. La vereda es larga y recta. Más adelante hay un cruce de caminos, y al acercarte a él escuchas el sonido de castañuelas y, en la distancia, el sonido de una sirena de niebla. Una vieja carreta de granja, color marrón, pase cerca de ti. En la parte de atrás está un gato grande. En la distancia, más allá de los sembradíos, puedes ver un bosque. ¿Significan alto todas estas cosas?

Empieza examinando el sueño para ver si contiene algún simbolismo personal. Supongamos que tienes una relación muy fuerte con los gatos. Cuando eras niño, siempre tuviste un gato o un gatito, y les tienes mucho afecto. Para ti, representan amor y afecto. Por lo tanto, debes concentrarte en esta interpretación *personal* del gato, y no en el simbolismo universal que aparece en el diccionario.

Ahora, haz una lista de los aspectos principales del sueño. Son los siguientes, junto con el significado que se les ha dado:

La mochila: Necesidad de alejarte y estar solo.

El sendero: Las cosas te son fáciles.

El cruce de caminos: una decisión.

Las castañuelas: molestias sin importancia.

La sirena de niebla: Se avecinan épocas difíciles.

La carreta: Separación de tus seres queridos.

El gato: Amor y afecto (*simbolismo personal*).

El bosque: Paz y tranquilidad.

Al interpretar tu sueño, podemos decir que hasta la fecha, las cosas te han sido bastante fáciles (*un camino largo y recto*) pero en la actualidad se están presentando ciertas molestias sin importancia (*las castañuelas*). Estas podrían convertirse en unas épocas difíciles para ti (*la sirena de niebla*). Necesitas alejarte y estar sólo por un tiempo (*la mochila*), aunque esto signifique que te separes de tus seres queridos (*la carreta*). Debes llegar al fondo del problema (la carreta era color marrón). A pesar de todo esto, puedes llegar a tener paz y tranquilidad (*el bosque a distancia*).

Pero tal vez preguntes: ¿dónde entra el gato en todo esto? Bueno, está en la carreta, que en sí representa una separación de tus seres queridos. Como el gato simboliza amor y afecto, podemos decir que, por extensión, el gato representa a tus seres queridos que la carreta está alejando de ti.

De modo que, simplificando tu sueño: la vida te ha sido fácil hasta este momento, pero hay dificultades en el futuro, necesitas llegar hasta sus raíces. Necesitas tiempo para estar sólo y hacer esto. Pero no te desesperes, al final saldrás adelante.

Así, puedes ver que lo que parecía un sueño ordinario y agradable, en realidad es una advertencia sobre lo que va a suceder. ¿Por qué otra razón tendrías este sueño, si no para decirte algo? Encontrarás que, de manera similar, existe una razón para todos los sueños. ¡No son simplemente "películas nocturnas" para tu entretenimiento!

Capítulo 4

Sueño lúcido

He hablado de situaciones en las que, *durante un sueño*, la persona se da cuenta de que está soñando. Esto se conoce como sueño *lúcido*. Suele suceder y puede variar de un mero pensamiento como "esto debe ser un sueño", a sentirse increíblemente libre de todas las restricciones y tener la aparente capacidad de hacer todo lo que uno quiera. Por lo general, en el sueño lúcido sientes la certeza de que estás despierto y de pronto captas una clave en el sueño que te indica que no lo estás.

Por ejemplo, un gitano con quien hablé en Nottingham, Inglaterra, me contó que una mañana despertó, y creyendo que estaba totalmente despierto, se levantó de la cama y se vistió. Él y su esposa se dirigían hacia el coche cuando notó que había un ancho río cerca de la parte de atrás de su casa... ¡pero él sabía que no había un solo río a millas de distancia! Le dijo a su esposa: "Mira ese río; debo estar soñando". Ella le contestó que no fuera ridículo. No podía explicar la existencia del río, pero dijo que seguramente estaban totalmente despiertos. Siguiendo la costumbre de los gitanos, él estaba decidido a probar que estaba soñando. ¡Echó a andar el auto, avanzó hacia la parte de atrás de la casa y condujo directamente hacia el río! En el momento en que el auto tocó el agua, él despertó; ¡aún estaba en la cama!

Cuando experimentas algo así (darte cuenta de que estás soñando), en ocasiones puedes *dirigir* tu sueño. Puedes determinar lo que quieres soñar, pero debes permanecer alerta constantemente. Necesitas recordarte continuamente que estás soñando, y por lo tanto, puedes hacer todo lo que quieras. De no hacerlo, volverás a caer en el estado de sueño inconsciente y perderás el control.

Muchas personas llegan a esta zona lúcida a través de las pesadillas. Tal vez tengas una terrible pesadilla, algo que realmente te aterra. De pronto te dices en el sueño: "¡Esto es ridículo! Sólo es un sueño; ¡no tengo por qué asustarme!" Cuando la mayoría de las personas hacen esto, o despiertan, o la pesadilla se convierte en un sueño normal que no causa miedo. Pero lo que debes hacer en ese momento es *dirigir* el sueño. Aléjate del aspecto "pesadilla" y entra a algo que disfrutarías. Por cierto, quienes investigan los sueños han encontrado que los sueños lúcidos se experimentan con más facilidad en las horas de la madrugada, justo antes de despertar. Esta condición de estar medio dormido y medio despierto se llama estado *hipnapómico* (el quedarse dormido en la noche, recibe el nombre de *hipnagógico*).

En *A Study of Dreams (Un estudio sobre los sueños)* (1913)[1], Frederik van Eeden, psicoterapeuta holandés, nos dice:

> Soñé que estaba de pie ante una mesa que estaba frente a una ventana. En la mesa había diversos objetos. Estaba perfectamente consciente de estar soñando y pensé en los tipos de experimentos que podía llevar a cabo. Empecé tratando de romper objetos de cristal golpeándolos con una piedra. Puse una pequeña tablilla de cristal sobre dos piedras y la golpee con una tercera, pero no se rompía. Después tomé una copa de vino muy fina que estaba en la mesa y la golpee con el puño cerrado con todas mis fuerzas, pensando al mismo tiempo lo peligroso que sería hacer esto estando despierto; pero la copa permaneció

[1] *Proceedings of the Society for Psychical Research: XXVI (Actas de la Sociedad de Investigaciones Psíquicas).*

intacta. Sin embargo, ¡cuando la volví a ver poco después estaba rota! Se rompió, pero un poco tarde, como un actor que no capta lo que dice el apuntador. Esto me dio la impresión extraña de estar en un mundo falso, lleno de ingeniosas imitaciones pero con pequeños fallos.

Tomé la copa rota y la arrojé por la ventana para ver si podía escuchar su ruido al caer. Sí escuché un ruido e incluso vi dos perros alejándose, lo que es bastante natural. Pensé en la excelente imitación que era este mundo de comedia. Después vi una licorera con vino tinto claro, lo probé y pensé con perfecta claridad mental: "Bueno, también podemos tener impresiones voluntarias de sabor en este mundo de los sueños; el sabor del vino fue bastante auténtico".

Muchas personas que experimentan sueños lúcidos informan que estos sueños se pueden recordar con mucha facilidad al despertar; mucho más que cualquier otro sueño.

Uno de los aspectos divertidos de los sueños lúcidos es poder encontrarse con amigos en lugares predeterminados mientras se sueña. De hecho, existen diversos grupos de estudio en algunos países que "se reúnen" con regularidad como parte de los ejercicios que realizan en relación con la investigación de los sueños.

En su libro *Proyección Astral* (University Books, 1962), Oliver Fox relata cómo él y dos amigos suyos, Elkington y Slade, pasaron una tarde muy entretenida juntos hablando de sueños, y luego acordaron encontrarse esa noche, en sus sueños, en los terrenos comunales de Southampton, Inglaterra. Fox no tuvo dificultad alguna para ir a ese sitio en su sueño y estuvo consciente de la presencia de Elkington. En el sueño, Fox y Elkington comentaron el hecho de que Slade no se había presentado.

A la mañana siguiente, Fox se encontró con ambos. Elkington informó haber tenido el mismo sueño que Fox, pero Slade se quejó de que el experimento había fracasado; él no había soñado nada. Esto explica por qué Fox y Elkington no lo encontraron en el lugar acordado.

Capítulo 5

Sueños proféticos

"Cuando el nivel ordinario de conciencia que tenemos estando despiertos o nuestra *voluntad*, duermen, descansan o incluso están somnolientas, un poder totalmente distinto toma el control de la multitud de fuerzas de la memoria y se dispone a ponerlas en acción, hacerlas girar, maniobrar y realizar trucos tan dramáticos que el sentido común de nuestra vida cotidiana jamás los aceptaría".

Así lo describió Charles Godfrey Leland en 1891[1], y luego añadió:

> A este poder le damos el nombre de sueño, pero es más que eso. Puede hacer mucho más que nosotros, que yo o que la voluntad del estado despierto, crean que estamos pasando a través de escenas fantásticas. Puede recordar o revivir la memoria de cosas que hemos olvidado; puede resolver sin esfuerzo problemas geométricos que están muy por encima de nuestra capacidad estando despiertos; en ocasiones le enseña a un músico melodías que él no sería capaz de componer. Esto implica que dentro de nosotros, vive otro Yo más misterioso, y en ciertos aspectos más dotado. No existe razón alguna, en el nivel que ha alcanzado la ciencia actual, para suponer que este Yo sea

[1] *Gypsy Sorcery and Fortune Telling,* Fisher-Unwin, Londres, 1891.

un ser “espiritual” o el resultado de fuerzas materiales. . . Este poder, por tanto, conoce cosas que están ocultas para mi y puede hacer cosas que *yo* no puedo. Ante esto, no debemos exclamar en forma incauta que esto en realidad significa que uno posee logros de nivel superior que no utiliza. De hecho, este poder a menudo actúa contra nosotros. Juega con nosotros, trata de engañarnos, y cuando descubre que detectamos en los sueños errores en la trama que este poder está desarrollando, la termina en forma abrupta con la convulsión de una pesadilla, dejando caer el telón con estruendo y... ¡despertamos!... ¡Con que velocidad tan fantástica se borra todo esto de la pizarra! Las visiones que tenemos estando despiertos no se comportan así. Pero hay que hacer notar, porque es cierto, que en la gran mayoría de los casos, el desvanecimiento de nuestro sueño va

en proporción directa con lo absurdo
de su contenido.

Leland dice: “Por consiguiente, este poder conoce cosas que están ocultas para mí”. Ciertamente parece conocerlas. En muchos casos son cosas que no nos son desconocidas literalmente; sólo están ocultas para nosotros. Sin embargo, se han dado casos en que lo que se reveló a la persona en un sueño, definitivamente le era por completo desconocido.

El Profeta Mahoma recibió la primera parte del Corán, la sagrada escritura del Islam, en un sueño. En otro sueño se prometió a los fieles que tomaría posesión de la Meca, la ciudad sagrada. Mahoma daba mucha importancia a los sueños.

Antes de Waterloo, Napoleón soñó su inminente derrota. Cuando Adolfo Hitler era caporal de la Infantería de Bavaria en la Primera Guerra Mundial, tuvo un sueño que le salvó la vida, y él lo consideraba una predicción de su destino grandioso. Muchos inventores famosos, en especial Thomas A. Edison, lograban sus inventos gracias a sus sueños.

Un ejemplo muy antiguo de sueños proféticos es el caso de un hojalatero llamado John Chapman. Aparte de que no era nómada, su vida era muy parecida a la de los gitanos. Era hojalatero y vendedor ambulante, y vivió en la aldea de Swaffham, Inglaterra, en el Condado de Norfolk, en el Siglo XV. Se ganaba la vida componiendo cacerolas y sartenes y vendiendo chucherías.

Una noche, John Chapman tuvo un sueño extraño. Soñó que alguien le decía que viajara a Londres y fuera al Puente de Londres donde se encontraría con un hombre que le traería noticias sobre una fortuna que él podría tener. Cuando John habló de su sueño con sus vecinos, se burlaron de él. Pero ese sueño le había causado un gran impacto. Sintió que debía ir a Londres, a pesar de que estaba a una distancia de más de cien millas, y él no tenía un caballo que lo llevara hasta allá. Sus vecinos le dijeron que se olvidara del sueño, pero él decidió hacer lo que el sueño le había pedido, y se fue a Londres a pie.

En aquellos días, el Puente de Londres era un espacio lleno de gente y de actividad, sobre el Río Támesis. Todo el puente estaba lleno de edificios: tanto casas como tiendas. Cuando Chapman finalmente llegó, se paró en medio del puente a esperar. No pasó nada.

Esperó ahí a lo largo de tres días, pero nadie se le acercó. No quería regresar a casa, sabiendo que sería el hazmerreír de todo el pueblo. En la mañana del cuarto día, el dueño de una tienda que estaba frente al lugar donde estaba Chapman, se le acercó y le preguntó qué estaba esperando. Chapman le contó su historia, pero no le dijo su nombre ni el lugar de donde venía. El tendero lo escuchó y luego se rió a carcajadas.

"¡Eres un tonto!" gritó. "Yo también tuve un sueño extraño hace varias noches, pero no por eso voy a atravesar todo el país". Chapman le preguntó cuál había sido su sueño.

"Bueno", dijo el tendero, "soñé una pequeña aldea de Norfolk que se llama Swaffham, y a un hombre que vive ahí llamado John Chapman. En el sueño, él era vendedor ambulante y tenía un peral en su patio trasero. Debajo de ese peral, estaba enterrado un gran tesoro. ¿Usted cree que yo habría viajado hasta Norfolk para excavar debajo del peral? ¡Habría sido un tonto!" Y sus carcajadas eran cada vez más fuertes.

John Chapman, ni corto ni perezoso, regresó a casa, fue directamente al peral que estaba en su patio trasero y excavó entre sus raíces. Ahí encontró una gran fortuna de oro y plata. Como muestra de gratitud, Chapman donó una gran suma de dinero a la iglesia de la aldea. De hecho, esa iglesia se puede visitar en la actualidad en Swaffham, Norfolk. En una de sus bancas hay un grabado que representa a un vendedor ambulante, y muchos de sus vitrales narran la historia de su sueño.

Ese tipo de relatos no son tan extraños como se podría creer. Muchas personas ven en sus sueños cosas que antes no conocían en absoluto. Otro ejemplo famoso es el caso de María Marten.

En 1827, María Marten, que era hija de una pareja que vivía en el Condado de Suffolk, Inglaterra, huyó con su amante, William Corder, un joven granjero. Sus padres no supieron nada de ella por mucho tiempo, pero finalmente recibieron una carta de Corder diciendo que su hija estaba bien y que él y María ya se habían casado. Esto los tranquilizó, aunque nunca recibieron noticias de María directamente.

Una noche, aproximadamente un año después de la carta de Corder, la madre de María tuvo un sueño en el que vio a Corder asesinar a María y ocultar su cuerpo bajo el piso de un gran granero rojo. El sueño fue tan vívido que los Corder viajaron a la granja de Corder; el Sr. Marten levantó el piso del granero. Encontró el cadáver de María sepultado dentro de un saco. William Corder fue acusado de haberla asesinado, confesó y finalmente lo colgaron por ese crimen.

Un ejemplo más reciente también ocurrió en Inglaterra, en esta ocasión en Gales, en la pequeña aldea galesa de Aberfan, en la noche del 20 de octubre de 1966. Una niña de nueve años, llamada Eryl Jones, soñó que no había escuela al día siguiente. No sólo no habría clases, sino que la escuela en sí había desaparecido. A la mañana siguiente le dijo a su madre que "algo negro caía sobre la escuela". Pero Eryl fue a la escuela de todos modos.

Poco después de las nueve de la mañana, medio millón de toneladas de desperdicios de carbón, saturadas con la lluvia persistente de varios días, se deslizaron sobre la aldea sepultando varias casas y toda la escuela. Murieron cerca de 150 personas, la mayoría niños que estaban en la escuela, entre ellos Eryl Jones.

En Inglaterra, muchas otras personas tuvieron sueños similares sobre este desastre. En Plymouth, en la costa sur de Inglaterra, una psíquica "vio" la avalancha de carbón bajando por la ladera de la montaña hacia la aldea. Vio muchos detalles de los intentos que posteriormente se hicieron para rescatar a las víctimas, que más tarde se verificaron. Un hombre que nunca había oído hablar de la aldea, soñó la palabra "Aberfan". Un gran número de personas percibieron una relación entre el carbón y Gales. Se recibieron tantos informes de sueños detallados antes de la tragedia, que se levantó una encuesta. Se pudieron confirmar al menos treinta y seis sueños proféticos. Como resultado directo de esto, se establecieron las Oficinas Británicas de Premoniciones en Inglaterra y el Registro Central de Premoniciones en Nueva York.

Capítulo 6

Cómo soñar con provecho

¿Es posible beneficiarnos de nuestros sueños? Ya he hablado de inventores que lograron sus inventos gracias a sus sueños. También hay escritores y artistas que han sacado provecho de sus sueños. Charles Dickens admitió que había creado a muchos de sus intrigantes personajes y detalladas tramas mientras estaba profundamente dormido durante la noche. Mary Shelley soñó todo el relato de Frankenstein. Pero existen formas más inmediatas en que cualquiera de nosotros puede beneficiarse de sus sueños. Una es soñar al ganador de una carrera de caballos.

Hace más de veinte años, en 1978, llegó un informe a una estación de policía británica, diciendo que una sección de la autopista A-1 estaba bloqueada. Los policías salieron de inmediato a investigar y encontraron que los responsables del bloqueo eran unos gitanos.

Dos gitanos habían tenido un altercado respecto a los méritos de sus respectivos caballos. Finalmente decidieron celebrar una carrera para ver quien tenía el caballo más veloz. Qué mejor lugar para una carrera que la autopista principal. ¡Entonces bloquearon con sus carretas un tramo de siete millas para la carrera! Un periódico de Nottingham describió el suceso de la siguiente manera:

> **GITANOS BLOQUEAN PARTE DE LA A-1 PARA UNA CARRERA DE CABALLOS MATUTINA**
>
> La policía de Nottinghamshire investiga quejas porque un grupo de gitanos

bloqueó con sus vehículos un tramo de siete millas de la Autopista del Norte para convertirla en un hipódromo.

Los aldeanos que viven a lo largo de la A-1, entre Sutton-on-Trent y Tuxford, informaron ayer que 250 gitanos, algunos de los cuales viajaron desde lugares tan lejanos como Escocia, cerraron la autopista durante veinte minutos mientras dos familias de gitanos decidían quién tenía el mejor caballo. Una familia era de Surrey y la otra de Doncaster. Cada una apostó 2,000 libras en esta carrera. Las apuestas adicionales llegaron a varios miles de libras.

La carrera se llevó a cabo a las 6:00 a.m. del domingo la semana pasada; y el triunfador fue el caballo del norte, que corrió el tramo en 19 minutos. Después de la carrera, el dueño del caballo triunfador rechazó una oferta de 3,500 libras por él.

La policía de la cercana población de Retford dijo: "No sabíamos que se estaba llevando a cabo esta carrera y estamos investigando. Nadie tiene derecho a cerrar una arteria principal, y ciertamente no para una carrera de caballos". Pero les fue difícil investigar porque los gitanos salieron del distrito después de la carrera.

Los gitanos consideran que el "mejor amigo del hombre" es el caballo, no el perro. Los gitanos vendedores de caballos, son los más conocedores en cualquier parte del mundo. Como aprecian tanto a los caballos, los gitanos y las gitanas disfrutan mucho las carreras de caballos, y con sus conocimientos, por lo general les va bien cuando apuestan en ellas.

Algunos gitanos de Kent me hablaron de un hombre conocido de ellos que no era gitano, pero que *soñaba* a los ganadores de las carreras de caballos. Investigué y descubrí que esto al parecer era cierto. Este hombre vivía en Londres y se llamaba Harold Horwood. Era ingeniero electricista y sus ganancias estaban documentadas y verificadas en un periódico inglés llamado *Sunday Pictorial.* A lo largo de varios años, Horwood había ganado grandes cantidades, con apuestas basadas en sus sueños.

Dijo que en una ocasión "¡me gritaron con tal fuerza el nombre del ganador (en un sueño) que desperté!" Lo emocionante de esto es que Horwood aseguró que cualquiera puede aprender su técnica. De hecho, años después, su esposa también empezó a soñar a los ganadores. Varios de los gitanos con quienes hablé lo pusieron en práctica y también tuvieron éxito.

Durante muchos años, Horwood había estado interesado en la comunicación con los espíritus y más tarde desarrolló interés en los sueños proféticos. Después de algunas pruebas tentativas, despertó una mañana de 1945 con una palabra que sonaba como "Sehoney" en sus oídos. Pronto se correría la carrera de Cambridgeshire, y cuando Horwood vio la lista de los corredores, encontró un caballo llamado Sayani. Como el nombre era tan parecido, modestamente le apostó cinco libras. El caballo ganó y él recibió 200 libras.

Inspirado por esto, se concentró en el Handicap de Manchester, que se correría en noviembre, y vio en su sueño las letras "L.V.G." que aparecían como una ráfaga. Vio la lista de corredores, apostó cuarenta libras a un caballo llamado *Las Vegas* y ganó 800 libras. Había 23 corredores en esa carrera y el caballo ganó al 20 por uno. De modo que sólo en dos carreras, Horwood ganó mil libras esterlinas.

A menudo, había simbolismos que le revelaban a los ganadores. En abril de 1947, Horwood soñó una manada de leones jugando; entre ellos una leona. Al día siguiente *Lion Lass* (Muchacha Leona) ganó la carrera. La víspera de la carrera de Cesarwitch en 1948, soñó que estaba en la cubierta de un barco y un tronco empezaba a arder. Él apagó el fuego, pero se encendió por segunda vez. De nuevo lo apagó, pero se volvió a encender, ¡y continuó extinguiendo el fuego de ese tronco el resto de la noche! Al día siguiente, se sintió vacilante cuando encontró que correría un caballo llamado *Woodburn* (madera ardiente) y otro llamado *Sea Smoke* (Humo Marino). Sin embargo, como no recordó haber visto humo en su sueño, apostó a favor de Woodburn y ganó a 100 por 9.

Un sueño sobre "Mallory Marshes" se tradujo como *Marshmallow*, otro triunfador. Justo antes del Derby de 1949, recordó haber soñado una palabra de seis letras y dos sílabas. No podía recordar la palabra con exactitud, pero sabía que no era demasiado rara. *Nimbus* ganó a 7 a 1. Los únicos otros nombres de dos sílabas y seis letras eran *Tangui* y *Xermes*, que ciertamente son nombres muy poco usuales. Para el Derby de 1952, recibió el nombre con toda claridad: *Tulyar*. Ganó 11 a 2. Y así sucesivamente, año tras año.

La sociedad para Investigaciones Psíquicas supo de las premoniciones de Horwood y examinó sus registros. Afirmaron que eran "por mucho lo mejor que se había recibido en ese campo" (9 de junio de 1958). Esta sociedad lo puso en contacto con un "equipo" de soñadores cuyos miembros se concentraban en una carrera en particular y luego mandaban el registro de sus sueños al capitán del equipo para que los interpretara. Así les era posible señalar con precisión a un caballo. Sin embargo, después de trabajar con este equipo durante cierto tiempo, Horwood llegó a la conclusión de que quien mejor puede interpretar un sueño es la persona que lo sueña (debido al simbolismo personal que ya mencioné), y regresó a trabajar solo.

El relato de Horwood sobre la carrera Ascot Stakes de 1958 también es interesante:

> Me concentré en esta carrera y soñé que ganaría *Secretary*. Después, esto se amplificó por una afirmación (en mi sueño) de que la ganadora era la secretaria de un gerente, un dueño o algo por el estilo. Ninguno de los caballos de la carrera se llamaba *Secretary*, pero había uno llamado *Sandiacre* y era el único nombre que empezaba con "S". Además tenía el mismo número de letras que "Secretary". Le aposté y ganó 100 a 7. A

la mañana siguiente ocurrió algo muy interesante e instructivo cuando leí la noticia sobre la carrera. En el *Daily Mail* había un titular con letras de un centímetro que decía "Sandiacre inducido a ganar", y señalaba que Mary Dutton, *secretaria* del entrenador, había inducido al caballo a ganar corriendo con él y animándolo hasta que llegó a la meta.

Al parecer, la forma en que los ganadores aparecen en los sueños no siempre es igual. La esposa de Horwood tuvo un sueño antes de la carrera The Oaks, en junio de 1958. Le dijo a su esposo que había soñado que una bola entraba a su cuarto, pero cada vez que ella trataba de lanzarla hacia fuera, la bola no se retiraba de su mano. Le dijo a su esposo: "Si hubiera un caballo llamado *Tantalizer* (Provocador)... ya que este fue un sueño muy provocador". Revisó la lista, y había un caballo llamado *Tantalizer* en la carrera de The Oaks. ¡Le apostó y perdió! El caballo que ganó la carrera se llamaba *Bella Paola*. Más tarde,

Horwood dijo: “Esto muestra que debes adherirte a una interpretación estricta de los sueños, sin tomar en cuenta lo que otros digan sobre ellos”. La bola representaba la palabra Bella; el nombre de la esposa de Horwood era Pauline... *Bella Paola*.

En la mañana de la carrera Fenwolf Stakes del mismo año, Horword despertó con las palabras “can’t tell you” en los labios. No sabía por qué y no podía recordar un sueño, pero al revisar la lista de corredores, encontró *Cantelo*. Le apostó y ganó a 7 a 4. Los ejemplos se sucedieron a lo largo de muchos años. En ocasiones soñó el nombre en sí o uno muy parecido; en ocasiones soñó las iniciales, en ocasiones una cifra relacionada con el número de letras en un nombre, y en ocasiones la cifra era puramente simbólica.

Dice Horwood que otra manera de descubrir al ganador es un proceso de eliminación que se hace durante cierto periodo. Empieza poniendo todos los nombres en casilleros. Por ejemplo, supongamos que hay 16 nombres. Se requieren cuatro sueños para llegar al ganador. Digamos que los caballos se llaman: Joaquín, Tomás, Rico,

Armando, Pablo, Juan, Jaime, Samuel, Ana, Gertrudis, Francisca, Ethel, Amalia, Fe, Bebé y Lilia. El primer día, pones la mitad en un casillero y la mitad en otro:

Caja de la izquierda	**Caja de la derecha**
Joaquín	Ana
Tomás	Gertrudis
Rico	Fanny
Armando	Ethel
Pablo	Amalia
Juan	Fe
Jaime	Bebé
Samuel	Lilia

Pon la lista junto a tu cama cuando te vayas a dormir. Di que soñarás con el ganador.

Al día siguiente, coloca los nombres de modo que los primeros y los últimos cuatro queden en el casillero de la izquierda y los segundos y terceros cuatro queden en el de la derecha.

Caja de la izquierda	Caja de la derecha
Joaquín	Pablo
Tomás	Juan
Rico	Jaime
Armando	Samuel
Amalia	Ana
Fe	Gertrudis
Bebé	Fanny
Lilia	Ethel

De nuevo, te duermes con esta lista sobre tu mesa de noche y piensas que vas a soñar con el ganador.

La tercera noche, haces la lista alternando pares, a la izquierda y a la derecha:

Caja de la izquierda	Caja de la derecha
Joaquín	Rico
Tomás	Armando
Pablo	Jaime
Juan	Samuel

Ana	Fanny
Gertrudis	Ethel
Amalia	Bebé
Fe	Lilia

La cuarta noche, que es la última, pones los nombres en los casilleros en forma alterna:

Caja de la izquierda	Caja de la derecha
Joaquín	Tomás
Rico	Armando
Pablo	Juan
Jaime	Samuel
Ana	Gertrudis
Fanny	Ethel
Amalia	Fe
Bebé	Lilia

Este es un resumen de estas listas, que tal vez facilite su comprensión:

Caballo	Número	1ª lista	2ª lista	3ª lista	4ª lista
Joaquín	1	I	I	I	I
Tomás	2	I	I	I	D
Rico	3	I	I	D	I
Armando	4	I	I	D	D
Pablo	5	I	D	I	I
Juan	6	I	D	I	D
Jaime	7	I	D	D	I
Samuel	8	I	D	D	D
Ana	9	D	D	I	I
Gertrudis	10	D	D	I	D
Fanny	11	D	D	D	I
Ethel	12	D	D	D	D
Amalia	13	D	I	I	I
Fe	14	D	I	D	I
Bebé	15	D	I	D	I
Lilia	16	D	I	D	D

Si como resultado de analizar tus sueños a lo largo de estos cuatro días, encuentras que el primer día tu sueño te dio "izquierda", el segundo día "izquierda", el tercer día "derecha" y el cuarto día "izquierda", el único caballo que corresponde a este patrón es Rico, como puede verse en la tabla anterior. Es posible que otros detalles del sueño también señalen a este caballo.

Otro método, que no necesariamente requiere muchos sueños a lo largo de varias noches, es poner los nombres en compartimientos numerados antes de irse a dormir:

Hilera de la izquierda	**Hilera de la derecha**
Joaquín	Tomás
Rico	Armando
Pablo	Juan
Jaime	Samuel
Ana	Gertrudis
Fanny	Ethel
Amalia	Fe
Bebé	Lilia

Horwood usaba mucho este método. Por ejemplo, tal vez soñaba que le estaba cargando gasolina a su coche y veía que la aguja marcaba la parte superior derecha mientras el empleado de la gasolinera decía "Andando, andando". Esto indicaría el compartimiento superior derecho y el nombre de *Armando*. En otra ocasión, usando este método, Horwood vio a una joven saliendo de un cuarto y entrando a un pasillo con puertas en ambos lados. La puerta de la que salía estaba a la izquierda y llevaba un bebé en los brazos. Esto obviamente indica al caballo *Bebé* que está en el compartimiento inferior izquierdo.

Sin importar qué método uses, según Horwood, dos cosas son esenciales. Una es decirle de manera enfática a tu mente inconsciente, antes de irte a dormir, que *vas a soñar* con el ganador. La otra es tener lápiz y papel cerca de la cama para poder escribir todo lo que recuerdes *en el momento de despertar*. También debes tener a la mano una linterna eléctrica, en caso de que despiertes durante la noche. Los gitanos con quienes hablé sobre esto también insistieron en estos dos puntos. Dijeron que los métodos de Horwood también les funcionaban a ellos. Tal vez también funcionen para ti.

Resumen

1. Empieza al menos con cierta expectativa de que tendrás éxito. En otras palabras, piensa en forma positiva.
2. Ten una libreta y un lápiz junto a la cama y una linterna eléctrica pequeña. Incluso recomendaría que le sacaras punta al lápiz por ambos lados y lo ataras a la libreta con un cordón, para que no se caiga cuando trates de tomarlo en la oscuridad.
3. Decide en qué carrera apostarás al menos con una semana de anticipación. Empieza con carreras en las que participan pocos caballos.
4. Anota los nombres de los caballos en cualquier orden, de preferencia al azar, de modo que no te inclines por el caballo que está al principio de la lista. Numéralos con uno, dos, tres, etc. y haz columnas a la derecha y a la izquierda, como se describió antes.
5. Pon la lista cerca de la cama y léela de principio a fin varias veces antes de dormirte. No es

necesario que trates de memorizarla. Los gitanos sugieren que la leas completa siete veces.

6. Di al menos tres veces, y en voz alta si lo deseas, "quiero saber qué caballo va a ganar". Si estás usando el método de las columnas de la izquierda y de la derecha a lo largo de cuatro días, añade: "Quiero saber si está en la columna de la izquierda o en la de la derecha".
7. Escribe todo lo que recuerdes *en cuanto despiertes*. No esperes soñar una carrera de caballos; rara vez llegaras a soñarla, si acaso. Recibirás el nombre mediante claves, iniciales, números, símbolos, etc.
8. No te desanimes si no recuerdas tus sueños. Sigue intentándolo. En ocasiones se requieren semanas, meses o más, así que no te desanimes.

Capítulo 7

Proyección astral

Muy a menudo, lo que recuerdas de tus sueños es una mezcolanza de lugares y sucesos. Nada parece tener sentido; ninguna parte del sueño parece ser la continuación lógica de la anterior. La razón de esto es que de hecho estás recordando sólo los puntos importantes de varios sueños, y se mezclan entre sí. Por ejemplo, podrías despertar con recuerdos vagos de deslizarte por el Río Nilo en una balsa china, lo que de pronto desaparece y te deja luchando contra el Ejército Confederado ¡teniendo como única arma una caña para pescar salmones! ¿Qué significa esto?

Significa que estás recordando detalles de varios sueños. Tal vez tu primer sueño tuvo que ver con unas vacaciones en las que fuiste a pescar salmones a Escocia. Tu siguiente sueño pudo tratarse de un viaje en el Río Yangtze en un zampan. Otro sueño pudo relacionarse con las pirámides de Egipto, y otro más sobre haber sido testigo de una batalla en la Guerra Civil de los Estados Unidos. Pero lo único que quedó cuando despertaste fueron trocitos de estos sueños; detalles que aún estaban en tu memoria cuando despertaste, pero mezclados.

Pero tal vez, no sea sólo eso. ¡Tal vez *realmente fuiste* a Escocia, a Egipto y al Lejano Oriente! No físicamente, claro; sino mediante tu cuerpo etéreo en el plano astral. El cuerpo, como lo conocemos, tiene un doble invisible que se conoce como espíritu, cuerpo etéreo o doble astral. Es un duplicado exacto del cuerpo físico. Muchas personas creen que en los sueños esta versión astral hace en realidad lo que la persona sueña que hace. ¿Soñaste que escalabas el Everest? Tu cuerpo astral de hecho lo escaló en el plano astral. ¿Sueñas que tienes una cita con una estrella de cine? Tu cuerpo astral y el de la estrella de cine tuvieron una cita. Lo interesante es que si pudieras interrogar a esa estrella de cine, tal vez descubrirías que recuerda un sueño que corresponde al tuyo (ver el episodio de Oliver Fox y sus dos amigos en el capítulo 4).

Tu cuerpo astral toma tu lugar en los sueños. Puede llegar a grandes distancias en un abrir y cerrar de ojos. Y si se presentara una emergencia, por ejemplo que un gato saltara sobre tu pecho cuando estás dormido o sonara el despertador, tu cuerpo astral es capaz de regresar de inmediato a tu cuerpo. Tal vez hayas tenido la experiencia de sentir que tu cuerpo "salta" en forma repentina y eso te despierta. Posiblemente eso haya sido el impacto de un regreso repentino de tu cuerpo astral por una u otra razón.

No se puede decir con certeza que todos los sueños sean viajes astrales. Sin embargo, es posible que la mayoría lo sean y ciertamente existen muchas indicaciones de que así es.

Lo emocionante de la proyección astral es que casi todas las personas pueden aprender a realizarla en forma consciente. En otras palabras, es posible decidir a dónde quisieras viajar en el plano astral (o estando dormido) y lo que te gustaría experimentar, y luego dormirte y seguir el programa establecido. Básicamente, lo único que se requiere es práctica... ¡y mucha paciencia!

El primer paso es entrenarse a recordar cada detalle de los sueños. De nuevo, lo único que se requiere es práctica y paciencia. Ten una libreta y un lápiz junto a tu cama y escribe todo lo que recuerdes de tus sueños *en cuanto despiertes.* Cuando digo "en cuanto despiertes", eso es exactamente lo que quiero decir. No te levantes de la cama. No te vistas. No te tomes una taza de café. Posponerlo significa que olvidarás los sueños o los distorsionarás. ¡En cuanto abras los ojos, toma lápiz y papel de inmediato y empieza a escribir!

Tal vez al principio recuerdes muy poco. No te preocupes. Escribe lo poco que recuerdes de todos modos. Si lo haces cada mañana, pronto descubrirás que estás recordando cada vez más. No sólo recordarás más detalles de un sueño, sino más sueños. Como dije antes, tienes aproximadamente media docena de sueños cada noche. Pronto serás capaz de separarlos y recordar todos los detalles.

Supe de una mujer que puede despertar después de cada sueño y anotar los detalles. ¡Después se vuelve a acostar y se vuelve a dormir para experimentar el siguiente sueño!

El siguiente paso es decidir dónde quieres ir y qué experiencia te gustaría tener, antes de irte a dormir. En tu "diario de sueños" (démosle ese nombre a tu cuaderno) anotas algo así: "Voy a ir a Boston y veré dónde colgó Paul Revere sus linternas en la Vieja Iglesia del Norte".

Luego te acuestas a dormir con estas instrucciones presentes en la mente. Si planeas ir a un lugar donde ya has estado antes, al quedarte dormido imagina que vas camino a ese lugar. Imagínate saliendo de tu casa, conduciendo por las carreteras, percibiendo los puntos importantes de la ruta. Como de costumbre, al despertar, anota los detalles de tus sueños.

Tal vez resulte que no vas a Boston (o al lugar que deseabas ir). No te desanimes; síguelo intentando. Llegará el día en que podrás dirigirte a un lugar a voluntad.

Usando el ejemplo anterior, supongamos que sí soñaste que fuiste a Boston y visitaste sus lugares de interés. Si nunca has visitado Boston en tu vida real, verifica al día siguiente los detalles que notaste en tu sueño. La apariencia general de la Vieja Iglesia del Norte se puede confirmar fácilmente en fotografías. Consulta fotografías, libros de referencia o Internet para confirmar los detalles más pequeños que hayas anotado en tu diario de sueños. Es probable que te sorprendas al encontrar que todo coincide. Aunque nunca hayas estado antes en un lugar, has visto y anotado los detalles de tu viaje allá. Esta será la prueba de que tu cuerpo astral sí realizó ese viaje.

En esta etapa, notarás que realmente estás *viviendo* el sueño. Sentirás que realmente estás en ese sueño y participas en él, en vez de experimentar un periodo de sueño en blanco seguido de recuerdos de tus sueños. En lugar de tener un espacio en blanco en el dormir seguido de recuerdos de sueños, sentirás que realmente estás ahí en el momento, participando.

Demos un paso más. Ahora ya tienes bastante control de ti mismo en el plano astral. En algún momento de tu sueño, detente y decide regresar y ver tu cuerpo físico durmiendo. Encontrarás que estás en tu recámara, de pie junto a la cama o flotando cerca del techo, mirando un figura inerte que es exactamente igual a ti. El hecho de que el cuarto esté oscuro no representa ningún obstáculo; verás todo a la perfección. Sentirás que el tú astral es el tú verdadero y que la figura en la cama es sólo una cubierta. Tal vez veas un fino hilo plateado que conecta a tu cuerpo astral con tu cuerpo físico, aunque no todas las personas pueden verlo. Es el "cordón de plata" que mencionan la mayoría de quienes realizan viajes astrales. También los gitanos hablan de él. Es infinitamente elástico. No importa donde vayas, aunque sea al otro lado del mundo, esté cordón se estira y conecta tu cuerpo físico y tu cuerpo astral. Esta es tu línea vital y es su responsabilidad hacerte regresar a tu cuerpo físico en caso de emergencia. Como ya he mencionado, cualquier interrupción, como el sonido del despertador, hará que regreses de inmediato sin importar a qué distancia estés. En el momento de la muerte, el cordón de plata finalmente se separa del cuerpo físico, lo que permite que el cuerpo astral, o el espíritu, siga su camino.

Algunos escritores, en especial los de la novelística, han explotado el tema de que existen fuerzas malignas que pueden romper el cordón de plata ¡lo que haría imposible que la persona regresara al cuerpo! Esto es, básicamente, un temor infundado y no debe detenerte en tus intentos de experimentar una proyección astral. Es casi imposible que seas víctima de un ataque de esta naturaleza, a menos que estuvieras muy involucrado en la magia negra o en el Satanismo y constantemente estuvieras manejando fuerzas negativas de este tipo, al grado que estuvieran buscándote. Aún entonces, es muy poco probable que se pudiera cortar tu cordón de plata. Como sabes, la menor amenaza contra tu cuerpo físico, o contra el cordón en sí, haría que regresaras *de inmediato* a tu cuerpo. Es como los fusibles que hay en los contactos eléctricos de baños y cocinas. En cuanto aparece la menor indicación de problemas, vuela el fusible para proteger la instalación eléctrica antes de que resulte ningún daño.

Otro método de proyección astral es el trance inducido. Esto puede hacerse casi en cualquier momento; no tienes que esperar hasta la hora de acostarte para tener una proyección astral. El trance es la indefinida frontera entre estar despierto y estar dormido, y se puede alcanzar bastante bien con un poco de práctica. Es de gran ayuda haber descansado lo suficiente, así no caerás en un dormir natural profundo; también ayuda el haberse alimentado bien, para que tu atención no se distraiga con espasmos de hambre. Elige un tiempo y un lugar donde puedas tener completa quietud y estés libre de interrupciones. Que no se oigan radios ni televisiones a distancia, que no llegue el ruido del tráfico que pasa frente a la casa; no debe haber sonido alguno.

Recuéstate en la posición más cómoda posible, de espalda o de lado, en un diván o en una cama, y deja que tus párpados se cierren. Relájate y respira profunda y rítmicamente. La relajación y la respiración profunda y regular son muy importantes. Recuéstate ahí y siente cómo tu cuerpo se va relajando en forma gradual. Piensa para ti: "Mis pies se están relajando; se están relajando; están totalmente cómodos. Todos los dolores y todo el cansancio se ha salido de ellos al relajarse. Mis piernas se están relajando; todos los músculos de mis piernas se están relajando. Están tibios y cómodos, totalmente relajados. Mis muslos se están relajando..." Continua con todas las partes del cuerpo, pasando por todas ellas. Concéntrate en cada área y haz que se relaje: los pies, las piernas, el cuerpo, las manos, los brazos, el cuello, la cabeza. Respira profunda y regularmente todo el tiempo.

Cuando has pasado por todo el cuerpo y estás completamente cómodo, con los ojos cerrados, empieza a pensar en el entorno que te rodea: el diván o la cama en que estás recostado, la alfombra, las cortinas de la ventana, los otros muebles que hay en el cuarto.

Es posible que no tengas mucho éxito las primeras veces que intentes tener una proyección astral. A la larga, sin embargo, encontrarás que puedes "ver" el cuarto aun con los ojos cerrados. Sólo quédate recostado e imagínate el cuarto. Piensa en la ubicación de los muebles, en el diseño del papel tapiz y de la tapicería. De pronto te darás cuenta de que en lugar de estarlo imaginando, ¡en realidad lo estás viendo!

En esta etapa, o incluso un poco antes, es posible que tengas una sensación extraña; una insensibilidad que empieza en tus pies y avanza gradualmente a través de todo tu cuerpo. Esta sensación es, de hecho, tu cuerpo astral separándose de tu cuerpo físico. No tendrás deseo alguno de moverte. Tal vez pienses para ti que si realmente quisieras, podrías levantar un brazo o mover una pierna, ¡pero simplemente no quieres molestarte! Lo único que se necesita ahora es querer dejar el cuerpo, y te deslizarás hacia fuera de él. Podrás ponerte de pie junto a tu cuerpo físico que está recostado.

En ocasiones ocurre que al estar recostado, relajándote y respirando profundamente, tienes una sensación repentina de que tus ojos están girando hacia arriba. Es como si estuvieras viendo hacia atrás, hacia el cerebro, hacia la glándula pineal. Podrías tener la sensación de ascender con rapidez hacia la parte superior de tu cabeza, hasta que de pronto te encuentras de pie junto a ti mismo, con calma y en paz. Esto se conoce como "Salir por la Puerta Pineal" o "Proyección por la Puerta Pineal". No ocurre con frecuencia, pero no te sorprendas ni te atemorices si llega a ocurrir.

Si alguna vez estás en un estado de liberación parcial, no te preocupes. Liberación parcial es sentir que el cuerpo astral está casi listo para dejar el cuerpo físico, pero no completamente listo para hacerlo. Puedes levantar tus brazos astrales pero sentir que el resto de ti está sujeto. Sólo relájate y di para ti mismo que si tus brazos están listos, también lo está el resto de ti. Siéntate y luego ponte de pie. No tendrás problema alguno. En forma alterna, piensa que te estás deslizando hacia adentro de tu cabeza y saliendo por la Puerta Pineal, y esto ocurrirá.

Es probable que la primera vez que salgas de tu cuerpo experimentes una conciencia doble. Te sentirás de pie en tu cuerpo astral, pero al mismo tiempo te sentirás recostado con tu cuerpo físico. Sólo concéntrate en el "tú" del cuerpo astral y sigue tu camino. La sensación física desaparecerá.

Otra manera excelente de experimentar una proyección astral es a través del "despertar falso" (Ver el Capítulo 1). La mayoría de las personas han tenido la experiencia de despertar a medias en la mañana, y saber (o escuchar que alguien les dice) que es hora de levantarse y vestirse. Se levantan de la cama y empiezan a vestirse en forma somnolienta. Tal vez piensen en qué ponerse, decidirlo y vestirse totalmente. De pronto, suena de nuevo el despertador o alguien los llama y ¡sorpresa! ¡se dan cuenta de que todavía están en la cama! Sin embargo, podrían haber jurado que realmente se levantaron y se vistieron. El cuerpo astral fue el que hizo la actuación de levantarse. Si en ese momento te puedes dar cuenta de que el cuerpo astral está realizando todo el ritual matutino, puedes aprovecharte de eso y seguir a partir de ahí, quedándote en el cuerpo astral. Lo difícil es reconocer el despertar falso por lo que es. A menudo, el impacto de darse cuenta de lo que está pasando es suficiente para hacer que entres de nuevo al cuerpo en una fracción de segundo.

La única manera en que gradualmente puedes llegar a darte cuenta de que en realidad no estás despierto es buscar falsedades; cosas que, aunque parecen totalmente reales, es obvio que no pueden serlo. Tal vez "despiertes" y al estarte vistiendo ves una armadura en un rincón de la habitación. Sabes que no tienes una armadura, pero todo el escenario parece absolutamente real. Entonces, concéntrate en hacer que la armadura desaparezca. Finalmente lo hará, y eso confirma que estás en el plano astral.

En el plano astral, virtualmente puedes ir a cualquier parte con la velocidad del pensamiento.

El plano astral en sí puede tener cualquier apariencia, lo mismo que tú. Por lo general parece que estás en tu entorno cotidiano (ya que eso es lo que conoces mejor), y tu apariencia es la misma. Pero si quisieras, podrías cambiar las cosas. Si piensas que eres pelirrojo, serás pelirrojo. ¿barba, bigote? Tendrás barba o bigote. Piensa que tienes esos centímetros adicionales de altura que siempre quisiste tener, ¡y los tendrás! Piensa que estás sentado en un restaurante al otro lado del mundo, y ahí estarás... ¡al instante!

Por ser lo habitual, mas que por ninguna otra razón, abrirás puertas para entrar y salir por ellas y te sentarás en sillas, pero eso no es necesario. Puedes "pensar" que estás al otro lado de la puerta y flotar en el aire. En otras palabras, puedes actuar como fantasma. De hecho, lo que en ocasiones se considera fantasmas son las formas astrales de seres vivientes que de alguna manera se vuelven visibles para un observador durante un corto periodo.

Las puertas, sillas y otros artículos que encuentras en el plano astral, son simplemente "artículos astrales" que te ayudan a adaptarte al plano. Como en la vida del más allá[1], están ahí porque eso es lo que tu esperas. En realidad no son necesarios, pero ayudan. Puedes mover estos objetos astrales, pero estando en tu cuerpo astral no puedes mover objetos físicos en el plano físico.

Por lo general, como cuerpo astral eres invisible para quienes están en el cuerpo físico. Digo "por lo general" porque ciertas sensibilidades son capaces de concentrarse en los seres astrales.

Existen muchas otras formas de inducir una proyección astral, pero las que he presentado aquí te ayudarán a iniciar tu camino, y son las más seguras para los principiantes. No todos pueden tener éxito. Mejor dicho, no todos son capaces de recordar que tuvieron éxito, ya que todo el mundo tiene viajes astrales al soñar. No olvides escribir todo lo que recuerdes, ya que así aumentarás tu capacidad para lograr una proyección astral.

---

[1] Ver mi libro *Doors to Other Worlds (Puertas a otros mundos)*

¿También se necesita la interpretación de sueños para las proyecciones astrales? Es probable que sí. Cuando llegas a ser un verdadero experto para proyectarte, la mayoría de tus "sueños" serán viajes astrales que tu has planeado, pero todavía habrá un gran número de sueños puros. Incluso cuando hay proyecciones espontáneas de las que después eres consciente, es necesario interpretarlas. Si fue un viaje astral, ¿por qué fuiste a ese lugar e hiciste lo que recuerdas? Y si "sólo fue un sueño", ¿por qué fuiste allá e hiciste eso? Para interpretarlo, lee el Capítulo 3 y luego consulta el *Diccionario Gitano de los Sueños* en el Capítulo 8 con el fin de poner en claro los detalles y encontrar lo que significan.

Conclusión

El mundo de los sueños puede ser tan fascinante como el mundo de los gitanos. A través de tus sueños, puedes conocer más sobre ti mismo. Puedes conocer tu pasado, tu presente y tu futuro. Incluso puedes soñar para tener ingresos.

Soñar e interpretar los sueños puede ser muy divertido, instructivo y en extremo ilustrador... ¡y no te cuesta nada! ¡Felices sueños y *kushti bok*[2]

Raymond Buckland

[2] "¡Buena suerte!" en el idioma de los gitanos.

Capítulo 8

Diccionario gitano de los sueños

En este diccionario de los símbolos de los sueños, sólo me es posible presentar su significado universal. Lo que debes hacer es ver si ese significado es adecuado para ti o si tienes un sentimiento personal más fuerte respecto a ese símbolo; un sentimiento o interpretación que es más significativo para ti. Como dijo Carl Jung: "Ningún símbolo de un sueño se puede separar del individuo que lo sueña".

A

ABAD: Alguien que tiene poder y autoridad sobre ti puede obligarte a hacer cosas que no necesariamente quieres hacer. Hay una restricción en tu vida. Tal vez no estés consciente de ella, así que examina tu situación y las personas con quienes estás en contacto.

ABADÍA/MONASTERIO: Santuario; seguridad temporal. Soñar que estás en una abadía confirma que estás seguro y no necesitas preocuparte sin necesidad, aunque es posible que esta seguridad sea sólo temporal. Toparse con una abadía de manera inesperada es señal de que a la vuelta de la esquina hay ayuda. Aplica esto a cualquier preocupación que pudieras tener y analiza los demás símbolos que hay en el sueño y la manera en que se relacionan con éste.

ABANICO: Ver Vestir.

ABEJA: Provecho, ganancia. Si las abejas se van, te liberarás de tus preocupaciones. Si una abeja te pica, te van a llamar la atención con mucha severidad.

ABISMO: Sé cauteloso porque es posible que adelante haya peligro. Un abismo también puede significar una invitación a la aventura, a la oportunidad o al peligro.

ABOGADO: Ver Reunión.

ABORTO: No tendrás éxito en el proyecto en que estás trabajando en este momento. Lo mejor será hacer planes alternativos.

ABRAZO: Si es un abrazo afectuoso, indica una vida hogareña feliz. Si es apasionado, deberías cuidar de que tus sentimientos no se salgan de control.

ABUELA: Soñar con una abuela, o *puri dai*, como la llaman los gitanos, significa que necesitas ayuda y consejos. La abuela es la "anciana sabia" de la familia. Siempre se le consulta cuando se toman decisiones importantes que afectan a toda la tribu. Si en tu sueño la abuela te aconseja, ¡sigue su consejo! No se va a equivocar.

ABUELO: Ver Reunión.

ACCIDENTE: Cualquier tipo de accidente: en un coche, en la casa, en el trabajo, indica autocrítica. Hiciste algo que no te enorgullece. Examina tus acciones recientes y ve si puedes eliminar el problema.

ACCIDENTE DE FERROCARRIL: Tus planes saldrán mal. Habrá escollos ocultos que no esperabas y te "descarrilarán".

ACEBO: Una persona del sexo opuesto te encantará y te cautivará, pero debes cuidarte, ya que tiene motivos ocultos.

ACEITUNAS: Ver Frutas.

ACEPTACIÓN: Por alguna razón, esto parece operar con un significado opuesto. Avanzar con lentitud y dificultad antes de una aceptación final (en un sueño), indica que muy pronto se presentará el éxito; mientras que una aceptación fácil indica que habrá dificultades. La aceptación puede mostrarse de muchas maneras. Tal vez en tu sueño le declaras tu amor a una joven y ella acepta. Una aceptación fácil y casi inmediata, pronosticaría dificultades futuras. Los gitanos dicen que si una joven sueña que acepta la propuesta de matrimonio del hombre que la ama, eso indica que habrá retrasos inesperados en sus planes de matrimonio.

ACOLCHADO: Ver o manipular un material acolchado es una buena señal de progreso financiero. Estar haciendo un material acolchado indica que sacarás provecho del trabajo que has realizado. Una colcha de parches es señal de halagos y murmuraciones. Toma con prudencia todo lo que escuches y no te dejes llevar con facilidad.

ACORDEÓN: Un instrumento popular entre los gitanos. Si sueñas que estás tocando un acordeón, eso indica que estás teniendo que trabajar mucho para lograr lo que deseas. Pero si sueñas que tocar el acordeón te divierte muchísimo y tal vez hay mucha gente bailando al ritmo de la música, entonces significa que disfrutas tu trabajo y que el trabajo es lo que te hace más feliz.

ACTOR / ACTRIZ: Si te ves como actor o como actriz, serás portador de buenas noticias. Si encuentras a un actor o ves a un actor (como espectador), entonces recibirás buenas noticias.

ACUSACIÓN: Tormento; angustia; incertidumbre respecto a ti mismo. Si en tu sueño alguien te señala con el dedo, eso significa que realmente dudas de ti.

ADORACIÓN: Ser objeto de adoración en un sueño indica que es posible que te encante coquetear. Debes cuidarte de volverte orgulloso. Si tú eres el que está adorando en un sueño, cuídate de ser engañado; actúa con precaución.

ADULACIÓN: Dicen los gitanos que si alguien te adula en forma desmedida, eso significa que te sientes bien contigo mismo, pero debes cuidarte de volverte egoísta.

AEROPLANO: En general, los medios de transporte significan progreso espiritual. Examina el resto del sueño y ve si en realidad se relaciona con esta interpretación. De ser así, este medio de transporte moderno debe manejarse con cuidado, para que no se estrelle. Si no se relaciona con esta interpretación, tal vez sólo indique un progreso rápido que te ofrecerá oportunidades para expresarte, especialmente si eres el piloto de la aeronave.

AGUA: Agua clara y fría es señal de buena salud. Agua caliente o sucia indica enfermedad. Vaciar agua de una vasija muestra que tienes un apetito enfermizo y necesitas cuidar lo que comes.

ÁGUILA: Ver Ave.

AGUJAS: Ver Vestir.

AGUJAS PARA TEJER: La persona que te ama será muy diligente para hacer que tu matrimonio sea feliz. Si tú eres el que está tejiendo, en ti caerá la mayor responsabilidad para hacer que tu matrimonio sea un éxito.

AGUJERO: Ver un agujero significa la posibilidad de un accidente. ¡Pero caer en un hoyo significa que la persona que te ama es muy dulce y amorosa!

AHOGARSE: Si te estás ahogando, significa que se te avergonzará. Si otra persona se está ahogando, te involucrarás en un pequeño escándalo.

AJEDREZ: Jugar ajedrez significa que tendrás un argumento con los miembros de tu familia. Ver también Damas.

AJO: Es símbolo de prosperidad.

ALBARICOQUES: Ver Frutas.

ALCALDE: Ver Reunión.

ALFILERES: Ver Vestir.

ALFOMBRA: Ver Tapete.

ALFORJA: Necesitas alejarte y estar solo por un rato. Necesitas vacaciones o un cambio de escenario.

ALGA MARINA: Alguien está tratando de impedir que hagas un viaje que sería benéfico para ti.

ALGUACIL: Si ves que un alguacil arresta a alguien, significa que habrá discusiones familiares. Si un alguacil llega a confiscar tus propiedades, significa que te enfrentarás a una demanda legal, pero saldrás favorecido de ella. Ver también Policía.

ALIMENTOS: Ver Comer / Beber.

ALMIRANTE: Ver Oficial Militar.

ALONDRA: Ver Ave.

ALTAR: Prosperidad; paz. Un punto central; un punto vital.

AMANECER / ANOCHECER: Un bello amanecer es un presagio de éxito en una nueva empresa. Una puesta de sol hermosa habla de recompensas futuras por trabajo que ya se ha realizado.

AMANTE: Ver Reunión.

AMAPOLAS: Un campo de amapolas es señal de aventuras amorosas.

AMARILLO: Ver Colores.

AMBULANCIA: Ver una ambulancia indica que debes irte con cuidado para no tener un accidente. Viajar en una ambulancia significa que has cometido un grave error. Analiza tus acciones recientes y ve si puedes detectar el error y rectificarlo.

AMAR (HACER EL AMOR): Si ves a otros haciendo el amor, tus planes tendrán éxito. Si tú estás haciendo el amor, recibirás gran satisfacción de lo que planeas hacer.

ANARANJADO: Ver Colores.

ANCIANO / ANCIANA: Ver Reunión.

ANCLA: Cimientos; seguridad. Tienes una base, un fundamento sobre el cual construir. Estás seguro. Pero también hay que recordar que un ancla puede detenerte cuando quieres avanzar.

ÁNGEL: Habrá noticias que pueden o no ser buenas. Bien podría ser que lo que a primera vista parece una buena noticia, resulta ser una mala noticia cuando se le examina más de cerca; y viceversa.

ANGUILAS: Ver Comer / Beber.

ANILLO: Matrimonio inminente.

ANILLO (CON JOYAS): Un anillo barato y vistoso significa que vas a tener un malestar leve. Un anillo fino y caro significa que serás robusto y tendrás excelente salud.

ANIMALES: Ver los distintos nombres de los animales.

ANSIEDAD / ESTRÉS: Una advertencia que la mente da al aspecto físico: estás a punto de tener un colapso. Necesitas hacer un cambio lo más pronto posible; ya sea un cambio de trabajo o de actitud en el trabajo. Si la ansiedad y el estrés tienen que ver con una relación más que con una situación de trabajo, necesitas distanciarte de la persona que está causando el conflicto, aunque sea temporalmente.

ANTORCHA: Soñar que uno lleva una antorcha significa que vendrán problemas amorosos.

Apagar una antorcha significa que terminarás tu relación amorosa actual.

AÑO NUEVO: Los gitanos dicen que soñar cualquier cosa que se relacione con el año nuevo; como la Fiesta de Año Nuevo, el que te deseen Feliz Año Nuevo, etc., indica que tendrás una oportunidad de comenzar de nuevo, de iniciar un proyecto nuevo, de poner en acción nuevas ideas, de cambiar tu curso de acción, etc.

APOSTAR: No estás satisfecho con la dirección que está tomando tu vida. Quieres hacer cambios por el simple hecho de hacerlos, aunque sean irreflexivos. Ver el Capítulo 6: Soñar con Provecho.

ARADO: Concéntrate en hacer tu mejor esfuerzo. El trabajar con diligencia ahora, te llevará a un gran éxito en el futuro. Esto se aplica tanto a los negocios como a la vida en el hogar.

ARAÑA: Soñar con arañas es señal de buena suerte. Simbolizan que tendrás buena fortuna y prosperidad por haber sido empeñoso. Pronto lograrás lo que ambicionas. Si la araña está en una telaraña, la buena fortuna llegará de diversas fuentes. Ver también Telaraña.

ÁRBOL: Para los gitanos, un árbol simboliza fuerza y belleza. Ver varios árboles o un bosque indica que tendrás muchos hijos que crecerán altos y fuertes. Si sueñas que derribas un árbol, eso significa que te lastimarás. Ver un árbol sin hojas significa que padecerás una enfermedad. Subirse a un árbol significa destacar en tu campo de acción. Romper la rama de un árbol significa que terminarás tu relación amorosa. Ver también los nombres de diferentes árboles.

ÁRBOL DE NAVIDAD: Tendrás una familia grande.

ARCO: Ver Disparar.

ARCO IRIS: Los gitanos creen que si ves un arco iris en tus sueños, te llegará una gran felicidad de manera inesperada; con frecuencia en el ámbito del amor.

ARDILLA: Una ardilla que está almacenando nueces significa que disfrutarás de éxito social. Pero una ardilla que corre por las ramas de un árbol significa que los deudores te perseguirán.

ARENA: Indica que tus finanzas se incrementarán en un futuro. Las inversiones serán provechosas, pero debes ser cauteloso para que el dinero recién adquirido no vuelva a desaparecer.

ARETES: Si llevas un arete significa que estarás con alguien que amas. Si llevas dos aretes significa que coquetearás con varias personas.

ARMA DE FUEGO: Por lo general se relacionan con discusiones y desacuerdos: las armas pequeñas representan discusiones pequeñas; las grandes representan discusiones grandes. Si escuchas el disparo de un arma de fuego, pronto surgirá una discusión en la que estarás involucrado. Si tú disparas el arma, tú serás la causa de esa discusión. Si alguien te dispara (sin importar si te hiere o no), eso significa que una discusión futura te dañará mucho. Ver también Disparar.

ARMADURA: Si sueñas que llevas armadura significa que te sientes muy seguro, en especial respecto a asuntos financieros. Ver una armadura en exhibición significa que estás preocupado porque te falta seguridad.

ARNÉS: Un caballo con arnés es señal de que alguien te domina y te rige, pero lo hace por tu bien. Si le estás poniendo un arnés a un caballo, entonces tú eres el que va a dominar.

ARQUERÍA: Ver Flecha.

ARRACLÁN: Este árbol es un presagio de felicidad y de que recibirás buenas noticias. Ver también Árbol.

ARRESTO: Si eres arrestado en tus sueños, significa que te estás arriesgando sin necesidad. Sé más cauteloso.

ARROYO: Progreso social. Si sus aguas son violentas, existe la posibilidad de que haya errores sociales y murmuraciones. Ver también Río.

ARROZ: Ver Comer / Beber.

ARZOBISPO: Ver Abad.

AS: Si sueñas que estás jugando a las cartas o manejando cartas, y en especial si ves uno de los ases, significa que serás una figura clave en un romance (as de corazones), en una demanda legal (as de bastos), en una herencia (as de diamantes) o en un escándalo (as de espadas).

ASADA (CARNE COCIDA O ASADA): Ver Comer / Beber.

ASALTANTES: Situaciones financieras precarias. Revisa tus inversiones y asegúrate de que sean sólidas.

ASESINATO: Si sueñas que se te acusa de asesinato, tendrás una discusión con tus amigos. Si cometes un asesinato, te estás negando a enfrentar los hechos y te meterás en problemas por eso.

ASESINO: Alivio en circunstancias molestas. Gratificación final.

ASNO/BURRO: Un pleito entre amigos. Si el asno está trotando, significa que tendrás desilusiones respecto a tus esperanzas; si está corriendo, significa desastre. Pero si recibes un asno o un burro, eso indica que tendrás éxito en los negocios. Si ibas montado en un burro y te tira, significa que tendrás un disgusto con la persona que amas. Si oyes rebuznar a un burro, habrá un gran escándalo. Un burro muy cargado indica que tendrás buena fortuna.

AUTO DE CARRERAS: Conducir un auto de carreras es volver a vivir tu juventud. Anhelas "soltarte el pelo" y alocarte por un rato. Hazlo; libérate de la rutina de todos los días.

AUTOMÓVIL: Otro símbolo de progreso espiritual. Nota la velocidad a la que está viajando... o si está inmóvil. Si va subiendo una cuesta, es obvio que estás trabajando mucho para progresar. Si se descompone, significa que necesitas volver a analizar tus creencias y prácticas. Ver también auto de carreras.

AVARO: Si ves a un avaro contando su dinero, es el mejor sueño que podrías tener. Significa que llegarás a ser rico y tendrás una vida de riqueza, prosperidad y plenitud.

AVE: En general, las aves significan éxito. Las aves voladoras indican un viaje futuro. Que un ave se pose en tu mano, en tu brazo o en tu cabeza, significa que un amor inesperado llegará a tu vida. Matar un ave o encontrar un ave muerta es un mal augurio. Los gitanos de diversos lugares tienen ideas diferentes sobre los sueños relacionados con diferentes aves. A continuación presentamos algunas de sus ideas:

Alondra: Vacaciones cortas, con diversión y relajamiento.

Águila: Un águila volando muy alto indica mucho éxito en los negocios.

Búho: Debes reflexionar mucho sobre un problema que se te presentará, en lugar de tomar una decisión repentina. Si el búho vuela y se va, encontrarás que el problema no es tan grande como parece. Si oyes ulular un búho, es una advertencia de problemas venideros.

Buitre: Representa a un enemigo acérrimo. Matar un buitre indica que triunfarás sobre tu enemigo. Si ves a un buitre devorando a su presa, es una advertencia de una demanda legal.

Canario: La muerte de un amigo. Una partida repentina. Un canario volando significa una enfermedad temporal.

Cisne: Tendrás una vida familiar feliz y satisfactoria. Si sueñas polluelos con uno o más cisnes, significa que tendrás hijos.

Cuervo: Sufrirás una desilusión respecto a algo que esperabas y tendrás que hacer de tripas corazón.

Golondrina: Las golondrinas volando indican felicidad y buena fortuna. Las golondrinas que están en su nido, significan una amistad cercana.

Grajo: Un ave favorita de los gitanos. Muchos libros sobre sueños consideran que esta ave es de mal agüero, pero los gitanos dicen que si sueñas con ella tendrás una reunión familiar muy alegre y llena de gozo. Si está volando, significa que la reunión será inesperada; si está en descanso, será algo que tú organices.

Halcón: un halcón volando muy alto significa éxito en los negocios, al igual que el águila. Un halcón bajando en picada significa éxito en asuntos legales. Si llevas un halcón sobre el brazo y lo dejas ir, significa diversificación; tendrás nuevos asociados en tu negocio o en tu vida personal.

Mirlo: Necesitas cautela. Examina con cuidado tus asuntos de negocios.

Paloma: Fidelidad en el amor; felicidad en el hogar. Una bandada de palomas significa abundancia de amor y felicidad. Dos palomas juntas significan reconciliación.

Pavo real: Soñar con un pavo real es señal de popularidad, pero cuídate del orgullo y la vanidad. Si es un pavo real que de pronto extiende su cola, cuídate de la ostentación. Si escuchas el grito de un pavo real, es que se aproxima una tormenta que te causará daños. Podría ser una "tormenta" en el hogar o en el trabajo.

Perico: Cuídate de las calumnias. No escuches murmuraciones.

Pichón: Si sueñas con un pichón que va volando, es que esperas noticias por carta. Si no ves que el pichón baje a tierra, podrían ser noticias buenas o malas. Si ves que baja a tierra, definitivamente serán buenas noticias.

Ruiseñor: Escuchar o ver un ruiseñor es un presagio de noticias gozosas, gran éxito en los negocios, alegría en el amor. Escuchar el canto de un ruiseñor te asegura la felicidad.

AVENA: Signo de estabilidad y éxito básico. Tendrás un fundamento firme, con un sólido respaldo de negocios.

AVISPA: Las avispas son señal de problemas con personas envidiosas. Si te pica una avispa, significa que gastarás dinero imprudentemente. Ver también Insectos.

AZADÓN: Gozarás de buena salud y buen estado de ánimo por mucho tiempo, aunque algunos gitanos aseguran que significa ganancias en las ventas y el comercio.

AZAHAR: Vendrá paz y tranquilidad; pero es posible que no dure.

AZUL: Ver Colores.

B

BAILAR: Ver Salón de Baile.

BANCA: Soñar que estás sentado en una banca, es una advertencia de que no debes hablar muy abiertamente sobre tus asuntos privados con personas que no conoces muy bien.

BANDEJA /CHAROLA: Si sueñas que tienes una charola en las manos, significa que apoyarás a alguien, ya sea en lo moral o en lo financiero. Si dejas caer la charola, es que defraudarás a un amigo.

BANDERA: Soñar que ves una bandera ondeando significa que puedes estar en gran peligro ante tus enemigos. Si llevas o izas una bandera, significa que recibirás una marca de distinción.

BANJO: Ver o escuchar un banjo significa que disfrutarás la vida social.

BAÑARSE: Si sueñas que llenas una tina de baño con agua, es un advertencia de que no debes dejar que tu dinero se vaya por el caño. Si estás tomando un baño, necesitas vacaciones. Si te estás bañando con otras personas (en una sauna o en una tina de agua caliente) deberías ser cauteloso en tus tratos de negocios. Si te estás bañando en agua sucia, la gente va a murmurar.

BARBA: Soñar que tienes barba cuando en realidad no la tienes, significa que eres muy individualista y no te importa mucho lo que los demás piensen de ti.

BARCO: Soñar con un barco de vela significa ser complaciente. Sin embargo, si navega en mares tormentosos, vas a estar muy ocupado. Un barco de vela también es un medio de transporte, y como tal, se considera otro símbolo de progreso espiritual. Sería un progreso más ligero, más de aficionado. Un barco de vapor, que es otro medio de transporte, sería un progreso lento pero seguro. Una balsa salvavidas no es un medio de transporte en sí, de modo que tal vez simbolice la necesidad de escapar, de tratar de salir de una situación difícil. Ver también los distintos tipos de barcos.

BARRER: Según los gitanos del sur de Inglaterra, si estás barriendo con una escoba, significa que necesitas eliminar de tu vida todos los detalles pequeños que se han acumulado y concentrarte en aspectos más importantes.

BARRIL: Un barril lleno indica abundancia, y uno vacío indica necesidad. Si estás poniendo un tapón en un barril, es que necesitas asegurar lo que tienes.

BARROS: Si sueñas que tu cara está llena de barros, significa que otros sienten muchos celos de ti.

BAYONETA: Es un símbolo de cautela. Si hieres a alguien con una bayoneta, ten cuidado en tus tratos con personas del sexo opuesto. Si otro te hiere con una bayoneta, sufrirás pérdidas financieras.

BEBÉ: Si sueñas que estás durmiendo a un bebé o a un niño pequeño, significa que eres de naturaleza tímida y confiada. Un niño gateando significa que necesitas pensar con rapidez y tomar decisiones rápidas. Un bebé que está llorando significa que tendrás muchos problemas pequeños que resolver. Amamantar a un bebé significa que debes cuidarte de confiar en personas que no son amigos muy cercanos.

BECERRO: Ver un becerro cerca de la ubre de una vaca significa que lograrás tus ambiciones. Si una joven sueña que ve un becerro, significa que su esposo será un buen proveedor.

BELLOTAS: Dicen los gitanos que soñar con bellotas significa que tus planes tardarán en fructificar, pero cuando lo hagan, excederán por mucho tus mayores esperanzas.

BESO: Este es otro de esos símbolos "opuestos": si sueñas que estás besando a la persona que amas, vas a tener una discusión. Si estás besando a alguien que no conoces, significa que te meterás en un pelito. Besar a un niño significa que alguien te va a ridiculizar.

BIBLIOTECA / LIBROS: Si ves toda una biblioteca, significa que las personas con quienes haces negocios te mostrarán mucho aprecio. Leer un libro significa que te revelarán secretos. Si te dan un libro también significa que te dirán un secreto.

BICICLETA: Si sueñas que vas en bicicleta significa que te estás volviendo automático en tu trabajo. Necesitas dar un paso atrás y observar todo el panorama, lo que te dará inspiración para volverte más creativo.

BILLAR: Ver una mesa de billar vacía, significa que serás afortunado en el amor. Si estás jugando billar, significa que alguien te va a mentir, o tu les vas a mentir a otros.

BILLETE DE LOTERÍA: ¡Podrías ganarla! Si puedes ver (y recordar) el número, apuéstale. Si en tu sueño alguien te da un billete de lotería, vas a tener mucho éxito.

BÓVEDA: La bóveda de un banco es señal de riquezas ocultas. Estás tratando de obtener algo, pero su adquisición te está causando frustración. Una bóveda de banco con la puerta abierta es señal de que estás revelando demasiados secretos; estás hablando demasiado.

BODA: Asistir a una boda significa que conocerás nuevos amigos. Si es tu boda, serás muy afortunado en el amor. Ver también Matrimonio Mixto.

BODEGA: Si abres la puerta de una bodega, vas a poner al descubierto gran cantidad de murmuraciones desagradables. Si estás en una bodega, te estás relacionando con personas indeseables.

BOLSA DE MANO: Ver Cartera.

BOMBA: Estar sacando agua con una bomba, significa que tendrás buena fortuna en los negocios y te entrará dinero. Pero si estás bombeando y no puedes sacar agua, entonces tus tratos de negocios fracasarán.

BORDADO: Ver Vestir.

BORRACHO: Ver Intoxicación.

BORREGOS: Progreso lento pero constante. Si estás trasquilando a un borrego significa que tus negocios te darán utilidades. Pastorear borregos significa que estás preocupado por las acciones de un amigo cercano.

BORRICO: Ver Asno.

BOSQUE: Estar en un bosque grande y hermoso significa que encontrarás paz y tranquilidad. Si te pierdes en un bosque, entonces tendrás pleitos familiares.

BOTAS/ZAPATOS: Las botas o los zapatos nuevos significan que tendrás buena suerte en los negocios, lo que tal vez se relacione con un viaje fuera de la ciudad. Las botas o los zapatos viejos y desgastados indican preocupaciones, y podrían significar la separación de las personas que amas.

BOTE SALVAVIDAS: Ser rescatado en un bote salvavidas significa que llegarás a una posición de importancia en tu comunidad.

BOTELLA: Si sueñas con una botella llena, es un símbolo de que tienes mucho y estás dispuesto a compartirlo con otros. Si ves una botella vacía, es un símbolo de necesidad; un anhelo.

BRAZO: Si alguien te ofrece un brazo, puede significar ayuda. Si un brazo te impide seguir tu camino, sé cauteloso; analiza con cuidado cualquier plan que tengas para el futuro. Un brazo roto indica la muerte de un familiar (los gitanos dicen que el brazo izquierdo representa la muerte de una mujer y que el derecho representa la muerte de un hombre). Un brazo con demasiado vello indica que te llegará dinero.

BRIDA: Una brida en un caballo significa que te están manipulando.

BRÚJULA: Soñar con una brújula significa que no estás seguro de qué camino seguir.

BUENAVENTURA (LEER LA) [Dukkerin']: Soñar que alguien te lee la buenaventura indica que tendrás un cambio repentino de fortuna que puede ser favorable o desfavorable. Si tu lees la buenaventura a otros, significa que verás destellos de tu futuro. Pon atención especial a cualquier "presentimiento" que tengas en los días inmediatamente posteriores.

BUEY: Ver un buey o una yunta de bueyes significa que tendrás una vida difícil y que tus esfuerzos serán mal recompensados.

BUFÓN: Soñar que estás viendo al bufón de una corte significa que estás avergonzado por algo que hizo un amigo cercano o un familiar. Si tú eres el bufón, es que estás avergonzado por algo que tú hiciste.

BÚHO: Ver Ave.

BUITRE: Ver Ave.

BURRO: Ver Asno / Borrico.

BUQUE DE VAPOR: Noticias inesperadas de muy lejos.

BUSTO: Ver Pechos.

BUZO (CAMPANA DE, TRAJE DE): Estar sumergido bajo el mar en una campana de buzo o con un traje de buzo significa que te encontrarás en un predicamento sobre el que no tienes control, pero que a pesar de ello te parecerá fascinante.

C

CABALLERÍA: Una oportunidad para producir una gran cantidad de dinero, si eres muy cuidadoso. Si la caballería está a la carga, recibirás una promoción en tu trabajo.

CABALLO: Buena fortuna en el trabajo y en la casa. Un caballo blanco o gris significa prosperidad. Un caballo negro o color marrón indica que se te recompensará bien por el trabajo que has realizado. Una herradura de caballo te asegura comodidad en tu ancianidad. Un semental representa poder sexual. Una yegua indica satisfacción sexual.

CABAÑA/CASA: Soñar con una cabaña o una casa significa que tendrás una vida tranquila; bastante feliz pero sin muchas emociones.

CABELLO: Soñar con cabello corto significa infelicidad. El cabello largo es señal de buena fortuna. Si tu cabello está en desorden y mal cuidado, habrá molestias y discusiones en el futuro. Un cabello bien arreglado significa abundancia. Cortarte el cabello o ver que se lo cortan a otro, significa que estás trabajando contra ti mismo, que tus acciones te están lastimando. Ver también Rizos.

CABRA: Soñar con cabras es señal de prosperidad. Pero si te embiste una cabra, sufrirás una pérdida. Si ordeñas una cabra es señal de que tendrás pequeñas contrariedades, pero al final triunfarás.

CADÁVER: Otro de esos símbolos opuestos. Si tú eres el cadáver, puedes estar seguro de que tendrás una vida larga, feliz y sana. Si el cadáver es una persona que no conoces, tu vida será larga e interesante (aunque no necesariamente feliz y sana).

CADENA: Una restricción. Estar atado con cadenas significa que no se te permite hacer lo que quisieras hacer. Ver también Vestir.

CAER: Es común soñar que uno se cae. Los gitanos dicen que estos sueños indican que eres infeliz, en especial en tus relaciones personales, y quieres salir de esa situación.

CAIMÁN: Ver Cocodrilo.

CAJA: Soñar con una caja o con cajas llenas de objetos indica que vas a hacer un viaje. Soñar con cajas vacías significa que perderás algo que, aunque rara vez lo usas, es importante para ti.

CALAVERA: Harás un gran descubrimiento que podría beneficiarte mucho.

CALENTADOR DE CAMA: Soñar un calentador de cama indica que te vas a acostar con un extraño.

CAMA: Una cama bien hecha significa seguridad. Una cama sin hacer significa que se descubrirán secretos. Si estás solo en una cama, indica soledad. Si estás en la cama con una persona de tu mismo sexo, deberás pedir perdón por tus acciones. Si estás en la cama con una persona del otro sexo, tendrás que tomar una decisión importante. Si estás en una cama a la intemperie, o si la cama está vacía pero está a la intemperie, existe la oportunidad de ganar mucho dinero. Ver también Lecho de plumas.

CAMELLO: Va a haber cosas buenas en tu vida. Si sueñas con una caravana de camellos, te llegará dinero.

CAMEO: Alcanzarás una posición de importancia y tendrás personas trabajando bajo tus órdenes.

CAMINO: Los gitanos dicen que un camino amplio y recto indica que encontrarás que las cosas se te dan fácilmente, sin requerir demasiado esfuerzo de tu parte. Si el camino es tortuoso, con subidas y bajadas, así será tu vida: muchos altibajos y cambios de fortuna en el trayecto.

CAMISA: Quitarte una camisa significa que perderás a un amigo. Perder el botón de una camisa indica contiendas sin importancia. Usar una camisa limpia y brillante significa que tendrás felicidad.

CAMISÓN/NEGLIGÉ: Si una mujer sueña que sólo ticne pucsto un negligé, significa que tiene un secreto que teme se descubra.

CAMPAMENTO: El atchin' tan de los gitanos simboliza que habrá una gran reunión, con grades celebraciones y gozo. Te reunirás con personas que no has visto en mucho tiempo (amigos y familiares) e intercambiarás noticias y chismes.

CAMPANARIO: Conocerás a una persona interesante del sexo opuesto. Investígala a fondo antes de involucrarte.

CAMPANAS: Los gitanos creen que las campanas por lo general significan desgracias. Una sola campana doblando es señal de una muerte en el futuro cercano o de una enfermedad grave. Sin embargo, un repiqueteo de campanas es señal de una celebración próxima.

CAMPO DE BATALLA: Ver Ejército.

CAMPOS: Si los campos están llenos de vegetación y son agrestes, perderás control de las cosas, a menos que te pongas a trabajar diligentemente. Si los campos están arados, tendrás una maravillosa oportunidad de "sembrar". Si los campos tienen una rica cosecha, recibirás en abundancia.

CAMPOSANTO: Soñar con un camposanto significa que pronto estarás en la oficina de un abogado.

CANAL: Soñar con una embarcación en un canal significa que tu vida amorosa se complicará. Si un caballo tira de la embarcación, tu vida amorosa volverá a la normalidad, sin importar cuanto se complique.

CANARIO: Ver Ave.

CANASTA: Si llevas una canasta llena, se te ofrecerá un trabajo con mejor sueldo. Si la canasta está vacía, perderás tu trabajo actual.

CANDELERO: Ver Vela.

CANGREJO: Significa que existe la posibilidad de una demanda legal por parte de alguien que considerabas tu amigo.

CANICAS: Jugar a las canicas significa que visitarás a alguien que conociste hace muchos años. Si ves a otros jugar a las canicas, te visitará alguien del pasado.

CANOA: Éxito en el amor. Si estás en una canoa que se voltea, tendrás un pleito con la persona que amas.

CANTAR: Estar cantando con otros significa que disfrutarás reunirte con viejos amigos. Cantar solo significa que te encontrarás solo.

CANTINERO: Si eres cantinero, es que te relacionarás con personas de categoría inferior a la tuya. Si un cantinero te está sirviendo, deberías estar alerta ante cualquier consejo que se te ofrezca sin solicitarlo. Si estás disfrutando la compañía de un grupo en un bar, necesitas buenos compañeros.

CAÑÓN: Un cañón que está disparando significa logros. Un cañón fijo con balas de cañón apiladas cerca, significa oportunidades.

CAPA: Usar una capa significa que estás tratando de ocultar cierta acción de la que te avergüenzas.

CAPITÁN: Ser el capitán de un barco es estar al mando; de modo que si sueñas que eres el capitán, eso significa que deberás tomar decisiones importantes que podrían afectar a muchas personas. Conocer al capitán de un barco significa que podrás tener influencia sobre personas que están en posiciones donde se toman decisiones.

CAPÓN: Ver Comer / Beber.

CAPUCHA: Soñar que llevas una capucha significa que tienes algo qué ocultar.

CAPULLO: Ver árboles floreando indica que tendrás buena suerte en el futuro. El trabajo que estás haciendo recibirá una buena recompensa, aunque tal vez tengas que esperar un poco para ver los resultados. Una gitana anciana insiste en que el único significado de soñar con capullos (específicamente capullos en árboles frutales) es una boda futura. Ver también Azahar.

CARACOL: Al parecer progresas con lentitud pero con constancia, pero si te detienes para examinar las cosas, encontrarás que vas en la dirección equivocada.

CARÁMBANOS: Soñar que ves varios carámbanos largos y brillantes colgando significa que tendrás prospectos hermosos y brillantes en el futuro. Si eres soltero, te casarás con alguien que te hará muy feliz.

CARAMELO: Recibirás un regalo inesperado de un admirador del sexo opuesto.

CARAVANA: Ver Camello.

CÁRCEL: Soñar que estás en la cárcel indica un sentimiento de culpabilidad por algo que has hecho y que estuvo mal, pero esperabas salirte con la tuya.

CARDENAL: Ver Abad. Ver también Reunión.

CARDO: Te sientes atraído por alguien que podría lastimarte, aunque no seriamente.

CARNE: Ver Comer / Beber.

CARNE ASADA: Ver Comer / Beber.

CARNERO: Este animal indica que estás tratando de forzar las cosas. Necesitas relajarte y dejar que las cosas se muevan a su propio ritmo por un tiempo.

CARNICERO: Ver u observar a un carnicero cortar carne significa que debes tener cuidado de no provocar murmuraciones respecto a tus acciones. Ver a un carnicero sacrificar a un animal, es un presagio de la muerte de un familiar.

CARPA DORADA: Terminarás tu relación amorosa actual, lo que te hará sufrir mucho. Pero como resultado de esto, conocerás a alguien muy superior que te traerá mucho amor, alegría y felicidad.

CARRERA: Si sueñas que estás participando en una carrera, indica desilusión y enojo, en especial con la persona que amas. Soñar que participas en una carrera de caballos, es buena señal y es un presagio de que tendrás mucho éxito en la vida; muy pronto recibirás noticias que te llenarán de alegría, posiblemente de la persona que amas.

CARRETA/VAGÓN/VARDO: El vardo es la casa rodante de los gitanos. Si sueñas que se te acerca una carreta o un vardo, vendrán personas a visitarte o a traerte noticias (que pueden ser buenas o malas). Si la carreta se está alejando, te separarás de la persona que amas. Una carreta inmóvil o que va pasando, significa que las cosas se van a estabilizar y no van a cambiar por un tiempo. Si vas en la carreta, es que estás progresando (aquí también hay que considerar el progreso espiritual, ya que la carreta es un medio de transporte). Si eres quien conduce la carreta, es que estás a cargo de tu propia vida y eres capaz de tomar decisiones.

CARRO: Ver Automóvil.

CARROZA FÚNEBRE: Ver pasar una carroza fúnebre significa que iniciarás un nuevo trabajo. Si viajas o conduces una carroza fúnebre significa que te vas a mudar.

CARRUSEL: Tendrás muchas oportunidades, y cualquiera de ellas sería ventajosa para ti.

Elige una y apégate a ella; no cambies continuamente de opinión.

CARTA DE AMOR: Ver Cartas.

CARTAS (JUGAR A LAS): Según los gitanos, jugar a las cartas es un símbolo de la vida. Si sueñas que estás ganando al jugar a las cartas, te irá bien en la vida y tendrás ganancias. Si estás perdiendo, sufrirás algunos reveses. Si estás barajando las cartas, tendrás que tomar decisiones. Si se te reparten cartas, tendrás que resolver un problema.

CARTAS: Harás un descubrimiento que te beneficiará. Si recibes una carta con buenas noticias, significa que tendrás la oportunidad de ganar más dinero. Recibir una carta con malas noticias, significa que la gente está hablando de ti. Si estás escribiendo una carta, harás algo que más tarde lamentarás. Recibir una carta de amor indica que conocerás a alguien que te interesará mucho. Si estás escribiendo una carta de amor, pronto tendrás un romance corto pero que disfrutarás mucho.

CARTERA: Soñar que pierdes una cartera significa que a menudo eres descuidado y desorganizado. Si encuentras una cartera, significa que tendrás buena fortuna de manera inesperada.

CARTERISTA: Soñar con un carterista muestra que necesitas conseguir cierta información que te está costando trabajo conseguir. Si tú eres el carterista, eso significa que estás dispuesto a conseguir la información ilegalmente, si eso fuera necesario.

CARTERO: Ver un cartero significa que negociarás con un vendedor. Si tú eres el cartero, significa que te cobraron demasiado por algo que compraste recientemente.

CASA: Ver Cabaña.

CASCADA: Señal de que conocerás muchas personas interesantes que sentirán afecto por ti.

CASTAÑAS/CASTAÑO: Soñar con una castaña significa que estarás saludable y fuerte. Un castaño indica que tendrás hijos.

CASTAÑUELAS: Padecerás muchas irritaciones menores.

CASTILLO: Ambición. Tienes ideales muy altos y un gran deseo de avanzar. Algunos gitanos dicen que soñar con castillos también puede significar que viajarás a un lugar donde nunca has ido antes. Esto podría llevarte a aventuras, oportunidades y misterios. ¡Debes prepararte para cualquier cosa!

CEBADA: Buena fortuna.

CEBOLLA: Entre los gitanos se dicen muchas cosas distintas sobre la cebolla. Por lo general, se relaciona con la suerte, ya sea buena o mala. Algunos dicen que si sueñas que comes cebollas, recibirás objetos robados, pero otros dicen que descubrirás un tesoro escondido. Por otra parte, muchos gitanos dicen que comer cebollas significa que tendrás una discusión muy desagradable, quizá con tu propia familia. Tirar cebollas significa que te separarás de tu pareja. Si compras cebollas, recibirás una bonificación inesperada.

CEBRA: Algunos gitanos dicen que indica una amistad otorgada por equivocación. Otros dicen que sólo significa que existen dos aspectos igualmente importantes en un problema que estás considerando; cualquiera de los dos podría ser el correcto a elegir.

CEMENTERIO: Un cementerio muy bien cuidado, con flores en las tumbas, indica que tendrás muchos amigos que te serán fieles por muchos años. Un cementerio descuidado indica que perderás amigos; que tendrás conocidos en lugar de amigos cercanos.

CENIZAS: Si sueñas cenizas en una estufa o en una chimenea, o si sueñas que limpias ceniza, significa que sientes que el trabajo que estás haciendo no corresponde a tu categoría. No estás satisfecho con tu trabajo.

CERA PARA SELLAR: Recibirás la aprobación que has estado esperando para echar a andar lo que has estado planeando.

CERCA: Si sueñas con una cerca, significa que te sientes restringido. Si escalas una cerca, significa que estás desesperado por salirte de cierta situación.

CERDO: Puedes estar seguro del éxito. Este es un buen momento para invertir. Todo lo que emprendas prosperará.

CEREZAS: Ver Frutas.

CERILLO: Ver varios cerillos significa que tendrás muchos amigos cercanos (si sólo ves un cerillo, sólo tendrás un amigo cercano). Encender un cerillo es un presagio de que vas a iniciar una amistad nueva y emocionante. Apagar un cerillo indica el final de una amistad que duró mucho tiempo.

CERRADURA: Te estás metiendo en algo prohibido. Sé muy cauteloso.

CERRAJERO: Ver Reunión.

CERVATILLO: Pronto conocerás a una persona maravillosa que despertará tus deseos.

CEPILLO (PARA LIMPIAR CHIMENEAS): Vas a adquirir gran cantidad de conocimientos muy valiosos —un dato aquí, otro dato allá—

y de pronto de darás cuenta que puedes integrar estos datos y utilizarlos para tu provecho.

CÉSPED: Un césped profundo y verde es una señal segura de matrimonio venidero. Un césped raquítico y deteriorado es señal de tribulaciones futuras.

CHAL: Los gitanos dicen que simboliza solaz y comodidad.

CHIMENEA: Dicen los gitanos que soñar con una chimenea sin humo significa que necesitas un desahogo sexual. Una chimenea con humo significa que tendrás una aventura amorosa. Ver también Humo.

CIEGO: Ver Reunión.

CIERVO: Una cierva es señal de tiempos difíciles en el futuro. Un ciervo con cornamenta significa que tendrás una larga y ardua batalla. Ver también cervatillo.

CIGARRILLO: Ver Humo.

CIGÜEÑA: Pronostica un robo.

CINE: Ver también Televisión/Video. Estar viendo una película indica que anhelas tener glamour en tu vida. Has estado viviendo una existencia demasiado limitada y necesitas liberarte un poco. En ocasiones, el tipo de película que estás viendo puede ser pertinente:

Comedia: No tomes la vida con demasiada seriedad. Cuando te sientas tenso, examina la situación y trata de encontrarle el lado humorístico.

Guerra: Estás fraguando una batalla dentro de ti mismo. Saca tus problemas y examínalos. Enfrenta los problemas y encuentra soluciones para ellos.

Misterio: Algo no está como debiera estar. No te vuelvas complaciente; está siempre alerta. Palabras y acciones simples y aparentemente inocentes pueden ser señal de intrigas y complicaciones futuras.

Musical: No permitas que tu amor a la música de la vida haga que ignores tus responsabilidades.

Romance: Este podría ser un buen momento para el romance. Mantén los ojos y los oídos abiertos.

Tragedia: Sé consciente de las tragedias y dramas inminentes, pero siempre busca el hilo plateado que siempre estará presente.

CIRCO: Si sueñas con un circo, eso significa que vas a estar tan activo tanto en tu vida social como en tus negocios, que no tendrás tiempo para hacer muchas de las cosas que en realidad te gustaría hacer.

CIRUELAS: Ver Frutas.

CISNE: Ver Ave.

COCINA: Un amigo vendrá a visitarte inesperadamente.

COCODRILO: Tendrás un accidente al tratar de evadir a tus enemigos.

COLCHÓN: Todos los problemas que tienes en este momento se resolverán con rapidez. Pronto podrás relajarte de nuevo.

COLINA: Si escalas una colina, tendrás éxito en tus empresas. Si estás de pie viendo una colina, se te presentará un reto. Estar en la cumbre de una colina significa que tendrás una posición segura y confortable.

COLLAR: Traer puesto un collar muy fino significa que participarás en una celebración social importante. Un collar pequeño e insignificante podría significar celos y pequeñas molestias.

COLMENA: Éxito en los negocios. Si tiras un panal de abejas, serás objeto de una demanda legal.

COLORES:

Amarillo: Muchos gitanos pintan sus carretas de amarillo. Es el color de la felicidad, del amor y de la unión familiar.

Anaranjado: El color de la vida y de nuevos inicios (tal vez se relaciona con la aurora).

Azul: Los gitanos relacionan el color azul con el cielo; el azul oscuro con el cielo de la noche. Dicen que si este color predomina en un sueño, indica un deseo de salir al aire libre, de alejarse. Quizá esto indique la necesidad de unas vacaciones.

Marrón: El color de la tierra. La necesidad de encontrar tus raíces, o de llegar a la fuente de tus problemas.

Rojo: El color universal del peligro y de las emociones fuertes.

Verde: El color de la hierba. Cuando el verde predomina en tus sueños, indica crecimiento y abundancia.

Violeta: Un color de riqueza y lujo.

COMADREJA: Astucia y engaño.

COMER/BEBER:

Anguilas: Enemigos maliciosos.

Arroz: Es señal de pobreza, al igual que el mijo.

Brandy: Indica que vivirás con comodidades y abundancia sin pensar mucho en el mañana y sin ocuparte de tus amigos.

Café: Beber u oler café es señal de larga vida.

Carne cocida o asada: Tenderás a la melancolía y pensarás mucho en el pasado.

Col: Si sueñas que estás comiendo col, eso significa que recibirás buena suerte. Si sueñas que estás cocinando col, eso significa que tendrás deudas.

Crema: Si tomas crema, recibirás un regalo inesperado. Si la tiras, tendrás que pagar una factura inesperada.

Champaña: Simboliza dinero. Una botella de Champaña es la oportunidad de hacer dinero. Beber champaña es recibir dinero. Brindar con una pareja de recién casados con champaña, equivale a estar seguro del éxito en los negocios.

Chocolate: Comer o beber chocolate significa que pronto sufrirás una enfermedad, pero no será grave.

Ensalada: Momentos embarazosos.

Galleta: Habrá gran regocijo.

Harina: Ver harina, en paquete o en el molino, significa que es el momento adecuado para invertir, pero no pongas todo tu dinero en una sola inversión.

Jalea: Si sueñas que estás haciendo conservas, eso significa que harás buenas amistades entre tus vecinos.

Jamón: Conocerás a una persona muy alegre.

Leche/Ordeñar: Si sueñas que bebes leche, eso indica que serás muy afortunado en el amor. Si sueñas que estás ordeñando una vaca, eso significa que tendrás que esforzarte para ganarte a la persona que deseas, pero que a la larga tendrás éxito.

Lechuga: Según los gitanos, es bueno soñar con lechuga. Para una mujer, significa que la pasará de maravilla con su amado. Para un hombre, significa que captará la atención de varias mujeres hermosas.

Licores: Tal vez hagas algo que después lamentarás mucho.

Macarrones: Símbolo de angustia.

Maíz: Una mazorca de maíz indica que tendrás ganancias financieras. Un sembradío de maíz significa que tendrás un matrimonio bueno y feliz. Las palomitas de maíz significan una ganga repentina e inesperada.

Mantequilla: Tendrás buena fortuna mezclada con tristeza. Vendrán riquezas, pero tendrán un precio.

Miel: Estás actuando con dulzura falsa hacia alguien, ¡y se nota!

Mijo: Señal de pobreza.

Mostaza: Habrá varios pleitos familiares.

Ostras: Soñar que estás comiendo ostras es una señal muy favorable, por lo general significa una gran familia. Si estás casado, tu cónyuge estará muy enamorado de ti y tendrán muchos hijos; si no estás casado, pronto lo estarás y tendrás hijos.

Pan: Oler pan significa que se te presentará la oportunidad de ganar algo de dinero. Una hogaza de pan podría significar que viene en camino un nuevo hijo. Rebanar pan es dividir tu suerte en trocitos pequeños. Comer pan recién hecho es disfrutar una buena amistad. Comer pan viejo es estar propenso a posibles enfermedades.

Panqueques: Ver, cocinar o comer tortillas de harina significa que lo que en la actualidad consideras una maldición en tu vida, llegará a ser una bendición.

Pastas secas: Comer pastas secas significa que no vas a llegar a una cita importante. Podrías padecer una enfermedad en el momento más inconveniente.

Pastel: Comer pastel significa buena suerte. Por extraño que parezca, si una mujer sueña que está comiendo un pastel de boda, puede significar que tendrá un periodo de mala suerte. Hacer y hornear pasteles significa que tú traerás tu propia buena suerte.

Pollo de engorda: Se te ha engañado en tus afectos.

Salchichas: Se te acusará de estar interfiriendo en la relación amorosa de otra persona.

Salmón: Señal de engaño. Comer salmón significa que vas a descubrir al que te está engañando.

Sopa: Recuperarás la buena salud.

Tocino: Rebanar tocino significa la cercana muerte de un ser querido. Comer tocino significa el triunfo sobre tus enemigos. Si estás ahumando o curando tocino, alguien cercano a ti se enfermará.

Vinagre: Trabajarás en vano durante un tiempo.

Vino: Soñar que bebes vino es un buen augurio. Pronostica buena salud, riqueza, larga vida y felicidad. Si estás enamorado, te casarás con la persona que adoras. Si estás casado tendrás una relación aun más cercana con tu pareja.

COMETA: Si ves un cometa cruzando el firmamento, eso significa que tendrás buena fortuna de manera inesperada.

COMIDA: Comer solo o con la persona que amas significa que vas a perdonar a alguien o que alguien te va a perdonar. Comer con varias personas indica pleitos y altercados de poca importancia.

COMPUTADORA: Si trabajas en la computadora en tu sueño, significa que tendrás acceso a una gran cantidad de información, lo que incluye secretos que has estado tratando de descifrar por mucho tiempo. Tus acciones inmediatas podrían tener efectos de largo alcance. Si la pantalla de la computadora está en blanco, indica frustración. Si otra persona está trabajando en la computadora, deberías ser cauteloso al dar a otros información que preferirías guardar para ti. Ver también Internet.

CONCIERTO: Si asistes a un concierto o tocas un instrumento en él, vas a poder tocar un instrumento musical. Si la música del sueño es terrible y desentonada, tendrás una discusión con tus familiares.

CONEJO: Ver Liebre.

CONFETI: Tendrás una experiencia emocionante con alguien que te parece muy glamoroso.

CONVENTO: Se te impondrán restricciones. Ver también Monja.

COQUETEAR: Si estás coqueteando, no estás contento en tu situación presente. Si alguien te está coqueteando, puedes esperar que se desarrolle un pequeño romance.

CORO: Si sueñas que estás cantando en un coro, eso significa que harás algo por otros y eso hará que te respeten mucho.

CORONA: Una advertencia. Se muy cauteloso en todas las decisiones que tomes, en especial decisiones de negocios. Si es una corona de papel como las que se usan en las fiestas, tendrás una caída.

CORONACIÓN: Ganarás mucho más dinero, pero el aumento en la riqueza te traerá mayores responsabilidades.

CORREO: Ver Carta.

CORREO (OFICINA DE): Vas a conocer a muchos extraños.

CORRER: Correr en un sueño significa que el tiempo está pasando y necesitas actuar con rapidez o perderás una oportunidad.

CORTINAJES: Los cortinajes ricos y lujosos se reflejan en tu vida, que será rica y lujosa. Pero las cortinas viejas indican tribulaciones futuras. Ver también Cortinas (de Encaje).

CORTINAS (DE ENCAJE): Frivolidad. Tal vez tengas un pequeño amorío, o quizá te permitas el placer de apostar un poco.

CROQUET: Jugar croquet significa que te divertirás mucho con amigos cercanos.

CRUCE DE CAMINOS: Deberás tomar una decisión que podría afectar el resto de tu vida.

CRUCIFIJO: Experimentarás vergüenza y humillación.

CRUZ: Una cruz con todos los brazos iguales es señal de buena suerte en el futuro. Si la cruz está dentro de un círculo, significa que habrá buena suerte en lo financiero.

CUBETA: Soñar con una cubeta llena de agua o de otro líquido, significa que recibirás algo que te será ventajoso. Si la cubeta está vacía, se te dará una oportunidad para ganar algo.

CUCHILLO: Señal de pleitos. Un cuchillo que se lleva en el cinturón significa un romance frustrado. Una navaja de bolsillo cerrada significa que el pleito no será serio y pronto se resolverá. Ver también Daga.

CUERDA: Ver o manipular una cuerda significa que estarás en una posición en la que podrás hacer varias amistades que te serán útiles. Si hay nudos en la cuerda, tendrás algunos problemas pero los superarás. Si cortas una cuerda, terminarás con lo que podría convertirse en una amistad muy provechosa.

CUERO: Indica una buena posición estable; algo en lo que puedes confiar.

CUERVO: Ver Ave.

CUEVA/CAVERNA: Si ves una cueva o una caverna, significa que habrá oportunidad de regresar y corregir algo que hiciste mal. Estar dentro de una caverna es tener seguridad, aunque sólo sea por poco tiempo.

CUMPLEAÑOS, FIESTA DE: Ver Navidad, Fiesta de.

CUNA: Si hay un niño en la cuna, tendrás un hijo. Si la cuna está vacía, significa que vas a establecerte en otro lugar.

D

DADOS: Echar uno o varios dados es señal de preocupaciones familiares en el futuro. Si sale una buena combinación al echar los dados, significa que habrá felicidad pasajera.

DAGA: Si tienes una daga en la mano, vas a tratar a otro con antagonismo. Si no tienes la daga en la mano, será una persona a la que no quieres dañar. Ver también Cuchillo.

DAMAS (JUEGO DE): Jugar a las damas indica que tendrás una discusión con otros. Ver también Ajedrez.

DECISIÓN: Cavilar sobre un problema y luego llegar a una decisión significa que empezarás un nuevo proyecto o trabajo, o que te establecerás en otro lugar.

DEDO: Soñar con un dedo que te señala, significa que has hecho algo por debajo y temes que se te descubra.

DELANTAL: Traer puesto un delantal significa que recibirás órdenes de otra persona pero esto te traerá satisfacciones.

DENTISTA: Si sueñas que estás en el consultorio del dentista, significa que tendrás un repentino cambio de fortuna. Si te saca una muela, significa que encontrarás un nuevo amor.

DEPORTES: Soñar con ser espectador en un deporte refleja la histeria de las masas que a menudo se encuentra en la vida. Si debes tomar una decisión, asegúrate de que sea tu propia decisión y no el reflejo de los sentimientos generales de quienes te rodean, incluso si eso significa ir contra esos sentimientos generales.

Participar en deportes puede tener diferentes significados dependiendo del tipo de deporte:

Béisbol: Si eres pitcher, estás en una posición en que puedes hacer que las cosas marchen como tú quieres. A ti te corresponde "lanzar la pelota". Si eres el bateador, estás a punto de enfrentarte a una embestida violenta: puede ser una decisión que debes tomar, el enfrentamiento con un oponente o un trato con un grupo de personas. Si estás en el campo, debes mantener los ojos abiertos para ver cualquier cosa que te llegue, de modo que puedas encargarte de ella de la manera apropiada.

Fútbol Americano: Estás en medio de un juego desafiante en donde las personas te pueden llegar de todas direcciones. Podrías salir lastimado, pero eso no sucederá si te mantienes alerta y estás listo para moverte con rapidez cuando se presente la menor oportunidad.

Fútbol Soccer: Literalmente necesitas mantenerte alerta y estar preparado para mover los pies. Debes estar preparado para evadir a los oponentes y disparar a gol en cuanto veas una oportunidad.

Tenis: Tienes un oponente, o tal vez dos, que están dispuestos a derrotarte. El juego es parejo, y si piensas y actúas, puedes ganar. No te dejes engañar y corras en la dirección equivocada.

DESAFÍO: Si otro te desafía, te verás involucrado en una discusión con una persona del sexo opuesto. Si tú eres el que desafía, discutirás con alguien de tu propio sexo.

DESIERTO: Si te encuentras en un desierto, es una señal de que estás buscando conocimientos.

DESNUDO: Si de pronto estás desnudo, significa que tendrás una sorpresa, que podría ser buena o mala. Si eres la única persona desnuda en un grupo, es una advertencia de que habrá un escándalo. Si todos están desnudos, es señal de calidez, alegría y amistad.

DESPERTADOR: Te da miedo envejecer. Tienes muchos planes y te preguntas si alguna vez tendrás tiempo de realizarlos todos. Ver también Reloj.

DEUDA: Si sueñas que tienes deudas, significa que recibirás dinero de manos de un familiar de mayor edad.

DIABLO: Si aparece un diablo (la palabra de los gitanos es Beng) en tus sueños, es señal de que tus amigos no son sinceros.

DÍA DE CAMPO: Te divertirás mucho con amigos cercanos, aunque tal vez haya discusiones sin importancia.

DIAMANTE: Un solo diamante indica éxito social. Varios diamantes, como en un collar o en un prendedor, indican que tendrás un matrimonio feliz que durará muchos años.

DIENTE DE LEÓN: Representa amigos falsos. Si hay muchos... ten cuidado.

DIENTES POSTIZOS: Ver dientes postizos o ver a alguien que obviamente usa dientes postizos, significa que alguien te está mostrando otra cara al hacer tratos contigo. Analiza tus contactos de negocios con cuidado. Si sueñas que traes dientes postizos, eso significa que no eres totalmente honesto en lo que estás diciendo.

DINERO: Dar dinero significa que perderás dinero en los negocios. Encontrar dinero significa que tendrás que pedir prestado a otros. Recibir dinero como regalo o como pago significa que recibirás una recompensa justa por los servicios que prestas. Ver también Limosna.

DIRECCIÓN: Escribir una dirección en una carta indica que has encontrado la dirección en que debes ir; sabes adonde vas. Has establecido tus metas y puedes avanzar hacia ellas.

DISCURSO: Estar escuchando un discurso significa que pronto tendrás oportunidad de aprender algo que te será muy benéfico. Si estás dando un discurso, estarás en posición de ayudar a alguien que estará muy agradecido por tu asistencia.

DISPARAR: Soñar que disparas significa que estás listo para actuar, para echar a andar algo que has estado reflexionando por mucho tiempo. Cazar y disparar flechas con un arco significa que te vas a arriesgar mucho, pero el riesgo podría tener resultados favorables. Ver también Flecha y Pistola.

DISTURBIO: Soñar que eres testigo de un disturbio o participas en un disturbio significa que recibirás noticias que no esperabas y tendrás un visitante inesperado. También puede significar que la persona que amas está indecisa entre tu y otra persona que la está cortejando.

DOCTOR: Si sueñas con un doctor, vigila tu salud. (En la lengua de los gitanos, doctor se dice mullomengro, que traducido literalmente significa "hacedor de muertos".)

Estarás propenso a resfriados, gripes (o a algo peor) que puedan andar por ahí. Esto aplica ya sea que sueñes que ves a un doctor o que tú seas el doctor. Ver también Reunión.

DOMINÓ: Está alerta a cualquier forma de inversión que se te presente.

DRAGÓN: Un dragón simboliza una empresa peligrosa. Si matas a un dragón, lograrás mucho éxito.

DROGAS: Tomar drogas es señal de una dependencia que fácilmente se puede salir de control. Analiza con cuidado los medicamentos que estás tomando. Si el sueño indica que deberías estar tomando un medicamento en particular, consúltalo con tu médico para ver si es algo que en realidad estés necesitando.

DUELO: Indica que estás inseguro respecto a una decisión que tomaste recientemente. El que ganes el duelo o no, indicará si estabas en lo correcto o estabas equivocado en esa decisión.

DURAZNOS: Ver Frutas.

E

ECLIPSE: Un eclipse de sol indica una pérdida inminente. Un eclipse de luna indica utilidades.

ECO: Escuchar el eco de tu voz significa que alguien se está burlando de ti a tus espaldas.

EJECUCIÓN: Ser testigo de una ejecución significa que estás pensando en divorciarte o en dejar a la persona que amas. Si eres el que va a ser ejecutado, significa que te sientes culpable de tus infidelidades.

EJÉRCITO: Los hombres armados por lo general son una señal positiva. Si es un ejército que va marchando, hay grandes cosas en vías de realizarse, en las que estarán activas muchas fuerzas de importancia, por lo general a tu favor. Una batalla indica un escándalo.

ELECCIONES: Hay opciones que debes elegir en el futuro. Aunque tal vez creas que lo que decidas no marcará ninguna diferencia, si lo hará. Analiza todas y cada una de las decisiones que debas tomar y elige con cuidado. Sin importar lo insignificante que pueda parecer una decisión, puede tener efectos de gran alcance.

ELEFANTE: Símbolo de poder. Ir montado en un elefante significa que tienes poder. Ver un elefante pasar, significa que estarás en contacto con el poder y podrás usarlo.

EMBARCACIÓN: Ver Barco.

EMPEÑO (CASA DE): Vas a cambiar un paquete de problemas por otro.

ENANO: Ver Reunión.

ENFERMEDAD: Si tú u otra persona tiene una enfermedad en un sueño, eso se aplica a ti. En muchas ocasiones esos sueños son advertencias de que estás en una ruta de autodestrucción. Examina tu estilo de vida, tus hábitos alimenticios, el cuidado de tu salud, y cámbialos si es necesario.

ENFERMERA: Estás cansado de responsabilidades; necesitas ayuda en tu negocio y en tu vida privada. Ver también Reunión.

ENSALADA: Ver Comer/Beber.

ENTIERRO: El final de un episodio de tu vida. Momento de empezar algo nuevo. Empieza a buscar a tu alrededor y piensa en el camino que te gustaría tomar. Ver también Funeral.

ENTIERROS, AGENTE DE: Encontrarte con un agente de entierros en tus sueños anticipa ese encuentro en la vida real. Alguien que conoces pero que no es familiar tuyo, morirá pronto y asistirás a su funeral.

EPITAFIO: Tendrás una indiscreción.

ERMITAÑO: Ver Reunión.

ESCALERA: Aspiras a cosas mayores; subir una escalera muestra que vas a lograrlas. Si subes una escalera para entrar a una casa por la ventana, ¡no te opondrías a hacer algo ilegal con tal de prosperar! Si te caes de una escalera, es posible que tengas problemas con la ley.

ESCARABAJO: El escarabajo egipcio es un animal sagrado y, en un sueño, indica que estás en el camino correcto. Si sigues trabajando con la misma diligencia, serás ampliamente recompensado.

ESCOBA: Si estás barriendo con una escoba, necesitas cambiar tus hábitos; es posible que tengas que cambiar tus amistades (y ciertamente debes analizarlas y ver si te convienen). Ver una escoba en un rincón significa que debes examinar tu manera de vivir para ver si estás viviendo de acuerdo a todo tu potencial.

ESCRITORIO: Si el escritorio está repleto de cosas, necesitas reorganizar tu vida y tener un sistema de prioridades. Si el escritorio está vacío, deberías buscar nuevos intereses, nuevos pasatiempos. Ver también Pupitre.

ESCULTOR: Ver Reunión.

ESPADA: Sostener una espada, llevarla puesta o blandirla, significa que se te otorgará un reconocimiento muy especial. Estar colocando una espada significa que discutirás con tus socios de negocios.

ESPEJO: Un amigo te traicionará. Un espejo roto significa que tú serás quien traicione a un amigo.

ESPINAS: Soñar espinas significa que estás pisando terreno peligroso. Podrías sufrir mucho si te apresuras a actuar sin saber a dónde vas, de modo que debes planificar con anticipación tan minuciosa y cuidadosamente como puedas.

ESPOSAS: ¡Tus manos están atadas! Hay algo que realmente quieres hacer, pero se te está impidiendo que lo hagas.

ESQUELETO: Estarás involucrado en alguna actividad poco usual. Si el esqueleto tiene una guadaña, ver Guadaña.

ESTAMBRE: Una bola de estambre es señal de que empezarás una relación muy larga, ya sea de negocios o afectuosa.

ESTRELLAS: Estrellas brillantes en el cielo significan que te recuperarás de una enfermedad. Una estrella fugaz significa el nacimiento de un niño.

EXPLOSIONES: Si sueñas con explosiones relacionadas con minas, túneles, etc., estás pasando por un periodo de holgazanería y preferirías evitar el trabajo. Si sueñas con explosiones que destruyen edificios y dañan personas, es que te da miedo comprometerte firmemente, en especial en el amor.

F

FAMA: Soñar que eres famoso significa que tienes grandes expectativas pero tendrás grandes desilusiones.

FANGO: Éste es un símbolo de maldad dirigida a ti. Si estás salpicado de lodo o fango, alguien te está difamando. Si caminas o conduces entre el fango, estarás en contacto con personas que hablarán mal de ti.

FANTASMA: Ver un fantasma significa que un pariente lejano está enfadado contigo. Ver el fantasma de alguien que conoces con frecuencia es un presagio de la muerte de esa persona (aunque no siempre lo es).

FARO: Se te otorgará una medalla o un reconocimiento por servicios que has prestado.

FÉRETRO: Por lo general es una buena señal. Los gitanos dicen que si ves a alguien en un féretro, significa que vivirás para ver crecer a tus hijos y verlos casados. Si te ves en un féretro significa que tendrás muy buena salud a lo largo de tu vida. Si ves a una persona famosa en un féretro eso indica que existe una posibilidad de guerra.

FERROCARRIL: Significa seguridad a largo plazo. Vas a progresar con lentitud pero en forma constante.

FESTEJO: Éxito tremendo en los negocios. Recibirás mucho más de lo que jamás habías esperado. Ver también comer / beber.

FIESTA: Ver Fiesta Navideña.

FLAMA: Ver Fuego.

FLAUTA: El sonido de una flauta indica una vida hogareña feliz. Tocar la flauta significa que sientes amor por tu familia.

FLECHA: Por lo general es un mal augurio. Una flecha que dispara otra persona y te hiere, significa que habrá murmuraciones contra ti. Si disparas una flecha al aire, la persona que amas te es infiel. Ver también, Disparar.

FLORES/GUIRNALDA: Un símbolo de esperanza, en especial en lo relacionado con el amor. Ver también nombres de flores.

FOCA: Una foca o un grupo de focas indican que vas a ir de pesca.

FOTOGRAFÍA: Si sueñas que estás viendo una foto tuya, es señal de que te vas a enfermar. Si ves la fotografía de otra persona, eso indica que le tienes celos.

FRASCO DE PÓLVORA: Se cauteloso, si tomas la decisión equivocada, podrías estar en peligro. Ver también Pólvora.

FRESAS: Ver Frutas.

FRUTAS:

Aceitunas: Un símbolo sexual, al igual que las nueces. Las aceitunas negras indican que recibirás favores sexuales de alguien que ya conoces y que pasarás una temporada con amigos cercanos. Las aceitunas verdes indican que disfrutarás favores sexuales de alguien que todavía no conoces, y que harás nuevos amigos.

Cerezas: Las cerezas negras indican que la persona que amas te decepcionará. Las cerezas rojas indican que puedes tener plena confianza en la persona que amas.

Ciruelas: Amistades sin cambios. Comprobará ser sincera una persona de quien desconfiabas.

Duraznos: Presagio de un viaje por tierra.

Fresas: Buena fortuna inesperada, tanto en el hogar como en los negocios.

Granadas: Símbolo de poder sexual. Soñar que comes granadas significa que dominarás al sexo opuesto sexualmente.

Higos: Si ves higos en una higuera, conocerás a un extranjero que podría hacerte mucho bien o beneficiar a tu negocio. Si estás comiendo higos, obtendrás nuevos conocimientos.

Limones: Símbolo de lucha. A menudo los limones indican que te casarás con alguien de carácter amargo. Si sueñas que estás exprimiendo limones, tendrás que batallar para salir adelante con tus gastos. Chupar un limón significa una posible demanda legal en tu contra. Tomar jugo de limón significa que te involucrarán en un caso que se presente ante un tribunal.

Manzanas: Las manzanas verdes indican amistades inconstantes. Las manzanas rojas y maduras muestra verdaderas amistades de las que puedes depender. Manzanas asadas o en una tarta, indican grandes expectativas seguidas de desilusiones. Ver también Manzana.

Melocotones: Buena salud y contento.

Melones: Cualquier tipo de melón indica un próximo viaje por mar.

Naranjas: Significan diversión. Comer naranjas significa que estarás muy entretenido.

Nueces: Felicidad conyugal. Comer nueces de cualquier tipo significa que gratificarás tus deseos sexuales. Abrir una nuez significa que te costará trabajo conseguir lo que deseas, pero que cuando lo consigas, habrá valido la pena.

Peras: Se te invitará a una fiesta de manera inesperada.

Uvas: Gozo; celebración. Comer uvas significa satisfacción contigo mismo y con tu trabajo.

FUEGO: Un fuego bajo que arde lentamente muestra que estás reprimiendo un deseo muy fuerte. Un fuego con flamas significa que las cosas se están saliendo de control. Si enciendes un fuego, estás planeando hacer algo que podría tener un impacto tremendo en tu vida. Apagar un fuego significa que vas a triunfar sobre personas que se te han estado oponiendo. Si estás sentado frente a una hoguera, encontrarás comodidad y felicidad.

FUELLES: Vas a tener visitas. Si estás bombeando los fuelles, significa que las personas que vendrán te harán trabajar mucho.

FUENTE: Una fuente de donde brota mucho agua simboliza un matrimonio feliz. Una fuente pequeña es señal de un amor que puede desarrollarse y convertirse en algo maravilloso. Una fuente que se seca significa que fracasarás en el amor.

FUMAR: Fumar un cigarrillo o una pipa indica que tienes gran confianza en ti mismo, lo que puede o no ser justificado.

FUNERAL: Noticias de la muerte de alguien que no es muy cercano a ti. Esa muerte te beneficiará indirectamente. Una herencia inesperada. Ver también Entierro.

G

GAFAS PROTECTORAS: Descubrirás algo para tu ventaja; algo que tu enemigo esperaba que pasarás por alto.

GAITAS: Ver o escuchar que se tocan gaitas significa que recibirás ayuda de una fuente inesperada. Los gitanos de Escocia le dan mucha importancia a este símbolo de los sueños.

GALLETA: Ver Comer/Beber.

GALLINA/POLLO: Utilidades; ganancias considerables. Una gallina con polluelos significa que alguien te hará un favor que has estado buscando. Una gallina poniendo un huevo significa buena fortuna. Escuchar el cacareo de una gallina significa consuelo por algún daño. Alimentar a las gallinas significa que tendrás pequeñas molestias.

GALLO: Orgullo, éxito, poder. Si los gallos pelean, eso significa que alguien retará tu posición.

GANSO: Ver Pato.

GAS: Si sueñas que huele a gas, significa que tienes amigos falsos. Si ves una flama de gas alta y brillante, significa que tendrás un romance con una persona rica. Si la flama es pequeña, el romance será con una persona que te involucrará en un escándalo.

GASA: Ver Vestir.

GATO: Un gato dormido significa que alguien está tramando contra ti. Un gato que se está aseando, significa que necesitas poner en orden tus asuntos. Un gato que camina o corre es señal de que perdiste una oportunidad. Si un gato te araña, estarás involucrado en una demanda legal. Si oyes maullar a un gato, es una advertencia de que habrá cosas desagradables.

GIGANTE: Soñar un gigante significa que te sientes inseguro y tienes complejo de inferioridad.

GITANO: Soñar con uno o varios gitanos es señal segura de que en un futuro cercano andarás errante o viajando. Si sueñas que eres gitano, disfrutarás de un matrimonio maravillosamente feliz. Si estás con un grupo de gitanos, vas a asistir a una reunión. Si sueñas que un gitano te dice la buenaventura (dukkerin'), escucha lo que te dice: es importante.

GLOBO: Parece sólido, pero en realidad ¡sólo está lleno de aire! No te distraigas con sus brillantes colores. Examina cualquier oferta personal o de negocios que recibas para estar seguro de su solidez. Sin embargo, un globo de aire caliente, ya sea que estés ascendiendo en él o sólo lo estés observando ascender, siempre indica ganancias financieras.

GOLF: Tendrás larga vida y tendrás la oportunidad de corregir muchos de los errores que has cometido.

GOLONDRINA: Ver Ave.

GOLPE: Recibir un golpe o ser golpeado por un extraño equivale a aprender una lección valiosa. Si te golpea una persona que conoces, eso significa que alguien te prestará un servicio.

GORDO/GORDURA: Soñar que estás gordo es reconocer inconscientemente que estás comiendo demasiado.

GRAJO: Ver Ave.

GRANADA: Ver Frutas.

GRANERO: Dicen los gitanos que si sueñas con un granero lleno, significa que nunca volverás a pasar hambre. Pero si sueñas con un granero vacío eso indica una vida de tristeza y necesidad. Un granero en llamas indica que podrías perder todo lo que posees.

GRANIZO: Simboliza problemas y angustia.

GRANJERO/GRANJA: Como resultado de tu arduo trabajo, recibirás una gran recompensa. Sin embargo, si sueñas con una granja que no es próspera, es un presagio de pérdidas financieras.

GRIFO (LLAVE DE AGUA) : Un grifo que gotea significa que constantemente estás desperdiciando pequeñas cantidades de dinero. Un grifo abierto significa que estás derrochando grandes cantidades de dinero. Un grifo que alguien cierra significa que debes ser cauteloso, ya que existe la posibilidad de que sientas la tentación de gastar más dinero del que puedes gastar.

GRILLO: Si sueñas que ves un grillo o que lo oyes, es un augurio de que tendrás una larga vida y de que habrá felicidad en tu futuro.

GUADAÑA: Un símbolo de reducir o terminar. Si tú eres el que tiene la guadaña, es que sientes necesidad de reducir algo o de dar por terminada una acción o situación. Si ves a "La Muerte con Guadaña", es decir un esqueleto con o sin túnica que lleva una guadaña, no necesariamente significa muerte. Podría indicar una muerte venidera, pero también podría indicar simplemente el próximo final de un trabajo, de una situación, de una relación, etc. No olvides que hay finales que en realidad son nuevos principios, y por lo tanto, nuevas oportunidades.

GUANTES: Ver Vestir.

GUERRA: Soñar con una guerra indica que habrá un gran escándalo en el que tendrás un papel muy importante.

GUIRNALDA: Ver Flores.

GUITARRA: Escuchar la música de una guitarra o ver a alguien que está tocando la guitarra, significa que la persona que amas te hará feliz. Si tú eres el que está tocando la guitarra, cuídate de personas que podrían engañarte.

GUSANO: Soñar gusanos es una advertencia de que podrías estar en contacto con alguien que tiene una enfermedad contagiosa.

H

HACHA: Blandir un hacha significa que otros te respetan, pero te respetan más por tu posición que por tus capacidades.

HALCÓN: Ver Ave.

HAMACA: Si estás recostado solo en una hamaca, es señal de egoísmo. Si estás en una hamaca con una persona del sexo opuesto, significa que asistirás a una función social.

HAMBRE: Pobreza temporal.

HAMBRUNA: Señal de culpabilidad respecto a tus gastos. De manera inconsciente sientes que mientras tu gastas en extravagancias, otras personas sufren hambre.

HARAPOS: Ver a alguien vestido de harapos significa que has sido injusto con alguien que realmente quieres. Si te ves vestido de harapos, eso significa que recibirás una herencia. Soñar que estás manipulando harapos limpios significa que ganarás dinero gracias a tu propio trabajo diligente. Ver también Vagabundo.

HERRERO: Tendrás mucho éxito gracias a tu propio trabajo.

HIEDRA: Si sueñas que hay hiedra creciendo en un área grande o que se está extendiendo, deberías hacerte un examen médico. Los gitanos dicen que esto a menudo indica que se está desarrollando una enfermedad inesperada.

HIELO: Simboliza confianza traicionada. Los secretos que has compartido no se han mantenido en secreto.

HIERBAS: Ver un jardín lleno de hierbas malas significa que necesitas revisar tu dieta y tu salud; ya que si continúas como vas, enfermarás gravemente.

HIGOS: Ver Fruta.

HIJA: Te vas a preocupar mucho por las acciones de otra persona, pero tus preocupaciones resultarán innecesarias.

HOGAZA: Ver Panadero y Comer/Beber (Pan).

HOJALATERO: Soñar que eres un hojalatero que repara ollas y sartenes significa que serás próspero en tu negocio, que tendrás éxito en el amor y que, cuando te cases, estarás feliz y contento.

HOJAS: Si las hojas son verdes y llenas de vida, tu vida amorosa florecerá. Si están secas y se están cayendo, tu vida amorosa será melancólica.

HORCA (Utensilio en forma de tenedor empleado para amontonar las mieses y en otras faenas del campo): Una horca es señal de excelente salud. Si la estás usando, vas a tener muy buena salud. Si te persigue alguien con una horca, necesitas darle más atención a tu salud.

HORMIGAS: Si sueñas que hay hormigas en tu ropa, o que las hormigas entran a tu casa, tendrás pequeñas molestias. Observar hormigas equivale a tener actividades; por lo general un gran número de tareas pequeñas. Un hormiguero es señal de que se está evadiendo el trabajo.

HORNO: Un horno o una estufa significan que te mudarás a una casa más grande.

HOSPITAL PSIQUIÁTRICO: Ver Manicomio.

HOYO: Ver Agujero.

HUERTO: Soñar que estás en un huerto podría significar que llegarás a ser rico gracias a una herencia, o que te casarás con alguien que tiene riquezas. Si una persona casada sueña que está en un huerto, significa que tendrán muchos hijos que llegarán a ser ricos.

HUESOS: Ver Esqueleto.

HUEVOS: Ver Comer/Beber.

HUMO: Si ves el humo de una chimenea o de una hoguera, tendrás un breve momento de placer, pero no será duradero. Ver también Chimenea.

HUNDIMIENTO: Un hundimiento en el mar es señal de una demanda legal tediosa y costosa, que podría llevarte a la pobreza e incluso a la cárcel.

IGLESIA: Vas a recibir malas noticias. Si estás dentro de la iglesia, vas a estar muy deprimido y a ser muy optimista.

IMPRESOR: Se te admira mucho por tu inteligencia y por la facilidad con que te comunicas.

INCIENSO: Quemar u oler incienso significa que te interesarás en materiales metafísicos y "New Age".

INFRACCIÓN POR EXCESO DE VELOCIDAD: ¡Te has apresurado demasiado! Baja la velocidad y piensa en lo que estás haciendo. No juzgues en forma apresurada. No tomes decisiones sin antes anotar todos los pros y los contras y considerarlos debidamente.

INSECTOS: Si te molestan pequeños insectos significa que estás inquieto y necesitas cambiar de trabajo o mudarte. Ver también Moscas y Pulgas.

INTERNET: Si sueñas que estás en Internet, eso indica que tienes el potencial para lograr todo lo que intentes. Podrás ponerte en contacto con personas que apoyarán tus intereses. Ver también Computadora.

INTOXICACIÓN: Soñar que estás borracho significa que debes cuidarte de gastar imprudentemente. Soñar que te encuentras con un borracho significa que debes estar alerta a pérdidas financieras.

ISLA: Ver una isla significa que quienes consideras tus amigos en realidad no son amigos muy cercanos que se preocupen por ti. Si sueñas que estás solo en una isla, es señal de soledad y frustración.

J

JABALÍ: Cuídate de tus socios de negocios. Si sueñas que te persigue un jabalí, te encontrarás a un enemigo acérrimo. Ir a cazar jabalís es trabajar inútilmente. Matar un jabalí es lograr la victoria contra tus enemigos

JAMÓN: Ver Comer/Beber.

JAULA: Tienes las cosas bajo control. Si estás en la jaula, te visitarán familiares que no aprecias.

JIGA: Soñar que estás bailando una jiga es señal de que alguien está enamorado(a) de ti. Si ves a otra persona bailando una jiga, es que te vas a enamorar.

JINETE: Ver Reunión.

JOCKEY: Soñar con un jockey en una carrera de caballos significa que sientes que tienes muchas ideas pero muy poco tiempo para trabajar en ellas.

JOYAS: Ver cada joya en particular.

JUBILACIÓN: Soñar que te jubilas indica que necesitas vacaciones. Has estado trabajando por demasiado tiempo sin descansar. Date un bien merecido descanso.

JUEZ: Ver Reunión.

L

LACAYO: Ver Reunión.

LAGARTO: Necesitas cuidar tu salud y en particular tu dieta. Tu cuerpo no está sano.

LÁGRIMAS: Soñar que derramas lágrimas significa que recibirás una carta con malas noticias. Si ves a un niño pequeño llorando, es señal de que la carta traerá buenas noticias.

LÁMPARA/LINTERNA: Ver una linterna indica que lograrás un gran avance en algo que te ha estado causando frustración. Encender una linterna (o un foco) significa que harás un negocio en sociedad con un amigo. Apagar una linterna significa que darás por terminada una sociedad.

LÁTIGO: Usar un látigo o ver que alguien usa un látigo indica que eres malhumorado y tu lengua es mordaz, lo que puede lastimar a otros más de lo que te das cuenta.

LECHE: Ver Comer/Beber.

LECHO DE MUERTE: Estar en tu lecho de muerte significa que pronto recibirás la visita de alguien que no has visto en mucho tiempo. Si estás cerca del lecho de muerte de otra persona, irás a visitar a alguien que no has visto en mucho tiempo.

LECHO DE PLUMAS: Vendrán tiempos de tranquilidad.

LEÑADOR: Ver Reunión.

LEÓN: Tienes gran dignidad y se te admira mucho. Un león cautivo significa una amistad duradera. Ser sorprendido por un león indica la traición de un amigo. Escuchar el rugido de un león es señal de que te llegará una oportunidad.

LEOPARDO: Ostentación; exceso de adornos; presunción. Cazar y matar a un leopardo indica que deberías analizar tus gustos en el vestir; ¡tal vez no estés tan a la moda como pensabas!

LIBÉLULA: Vas a hacer un viaje corto por aire.

LIBROS: Ver Biblioteca.

LICORERAS: El número de licoreras indica el número de hijos que tendrás. Las licoreras llenas indican que serán niñas; las vacías o no totalmente llenas indican que serán niños.

LIEBRE/CONEJO: Ver una liebre o un conejo inmóvil significa que tendrás la oportunidad de aumentar tu prosperidad. Una conejera significa un gran incremento en tu fortuna.

LIMÓN: Ver Frutas.

LIMOSNA: Dar o recibir limosna indica que tu negocio tendrá éxito y te harás rico.

LINO: Ver Vestir.

LIRIOS: Alegría; placer; mucho éxito en el amor.

LISTONES: Ver Vestir.

LLAVES: Eres una persona práctica y sensata. Meter una llave en una cerradura indica que eres muy capaz y adaptable.

LLORAR: Ver Lágrimas.

LLUVIA: Una lluvia gentil muestra éxito en tus actividades actuales. Es una señal especialmente buena para las personas que se aman. Pero si es una lluvia muy fuerte con rayos y truenos ocasionales, ten cuidado, porque habrá un gran número de problemas y desalientos. Ver también Relámpago y Truenos y Relámpagos

LOBO: Simboliza fuerza e independencia.

LOCOMOTORA: Soñar con una locomotora o con un tren de vapor significa que serás capaz de hacer cualquier cosa que desees. Podrás tener éxito en todo lo que emprendas. Ver también Tren.

LOCURA: Soñar que estás loco muestra un sentimiento de restricción, de no ser capaz de expresarte. Ver también Manicomio.

LUNA: La luna se relaciona con la suerte y con el amor. Ver una luna llena significa que recibirás bendiciones; una luna nueva significa que se te concederá un deseo. Una luna parcialmente nublada significa que serás afortunado en el amor. Ver la luna reflejada en el agua significa que tendrás grandes expectativas, pero tendrás desilusiones en el amor. (Es interesante que la palabra gitana que significa luna, shoon, también significa "mes".

LUNA DE MIEL: Soñar que estás en tu luna de miel significa que vas a tener un "duro despertar" en un futuro muy cercano. Prepárate para sorpresas que no serán muy agradables.

LUPA: Soñar que ves algo con una lupa significa que te has sobrepasado en el campo de las finanzas.

LUTO: Soñar que estás de luto es lo opuesto a lo que de hecho sucederá. Significa que pronto tendrás una razón para una gran celebración.

M

MACARELA: Soñar que estás pescando macarelas es una señal segura de que vas a viajar en el futuro cercano. Soñar que estás comiendo macarela significa que alguien te va a visitar.

MACARRONES: Ver Comer/Beber.

MADERA: Ver Árbol.

MAGISTRADO: Has cometido un error del que no eres consciente. Analiza tu trabajo del día anterior y vuelve a verificarlo todo.

MALABARISTA: Tienes una naturaleza muy competitiva.

MANDADO: Si mandas a alguien a un mandado es que temes que tu pareja te está siendo infiel. Si alguien te manda a un mandado, estás planeando ser infiel.

MANDOLINA: Ver y escuchar que alguien toca una mandolina significa que disfrutarás un momento íntimo y romántico con alguien que quieres.

MANGUITO: Ver Vestir.

MANICOMIO: Estar internado en un manicomio significa que tus asociados no te comprenden y que te es muy difícil darte a entender. Ver a otros en un manicomio significa que debes tener mucho cuidado al expresarte ya que de no hacerlo se te malinterpretará. Si ves a una persona conocida internada en un manicomio, significa que estás preocupado por un amigo.

MANSIÓN: Significa que sietes que mereces mucho más de lo que recibes. Trata de mejorar tu posición pidiendo una promoción o un aumento de sueldo.

MANTEQUILLA: Ver Comer/Beber.

MANZANA: Entre los gitanos existe una antigua creencia según la cual "si una joven quiere soñar con su futuro esposo, es necesario que reciba una manzana de manos de una viuda en la víspera del día de San Andrés. No debe dar las gracias al recibir la manzana y debe comerse la mitad antes de la media noche y la otra mitad a la media noche. Entonces se le revelará su futuro esposo mientras ella duerme." Ver también Frutas.

MAR: Un largo viaje. Un mar tranquilo significa que será un viaje venturoso y que lo vas a disfrutar. Un mar tormentoso indica muchos problemas y preocupaciones.

MARGARITAS: Las margaritas blancas indican un cónyuge fiel. Las margaritas amarillas muestran los celos del cónyuge debido a que tú recibes demasiada atención de otra persona.

MARINERO: Indica viajes. Tal ves te cambies de casa o tal vez sólo sea un viaje del que regresarás a casa. Ver también Reunión.

MARIONETAS: Si sueñas que eres una marioneta, alguien te está manipulando. Si asistes a un espectáculo de marionetas, estás consciente de que alguien te está manipulando.

MARIPOSA: La persona que amas es popular y coqueta, pero nada más. En otras palabras, es posible que esté coqueteando, pero siempre te es fiel.

MARRÓN: Ver Colores.

MARTILLO: Usar un martillo significa que estás actuando con mucha determinación y fuerza... tal vez con demasiada fuerza.

MATRIMONIO: Ver Matrimonio Mixto y Boda.

MATRIMONIO MIXTO: Señal de que te visitará un extraño de tierras muy lejanas y tendrá gran influencia en tu vida. Ver también Boda.

MAZMORRA (CALABOZO): Estar encerrado en una mazmorra significa que otros te están controlando.

MECEDORA: Ver a alguien, o a ti mismo, en una mecedora, es señal de que tendrás una vida fácil y satisfactoria. Mecer una mecedora vacía significa que habrá muchos tiempos difíciles.

MEDALLAS: Si se te otorga una medalla o llevas una medalla puesta significa que recibirás reconocimiento por algo que has logrado. Ver a otro con una medalla significa que debes tratar de dominar tus celos.

MELÓN: Ver Frutas.

MENDIGO: Oportunidades. Dar con generosidad a un mendigo significa que tendrás grandes ganancias y se te presentarán oportunidades magníficas. Ignorar a un mendigo significa que dejarás pasar algo que podría traerte mucho éxito. Ver también Reunión.

MENTA: Un pariente lejano te dejará una gran suma de dinero.

MESERO(A): Ver Reunión.

MIEL: Ver Comer/Beber.

MIJO: Ver Comer/Beber.

MILITAR: Si una mujer sueña con un oficial militar, eso significa que tendrá muchos novios. Para un hombre, soñar a un militar significa que al paso de los años recibirá reconocimientos.

MILLONARIO: Éxito financiero. Si tú eres el millonario, pronto estarás en una posición en que podrás ayudar a otros. Ver también Reunión.

MINUSVÁLIDO: Ver Reunión.

MIRLO: Ver Ave.

MOCHILA: Ver Alforja.

MOLINO DE AGUA: Tendrás buena salud por largo tiempo y tus ingresos serán continuos, con pocos cambios a lo largo de muchos años.

MOLINO DE VIENTO: Si las aspas del molino están girando, disfrutarás de una gran herencia. Si están inmóviles, la herencia será pequeña.

MONASTERIO: Ver Abadía.

MONJA: Cuídate de los amigos falsos. Ver también Convento.

MONO: Ver Simio.

MONTAÑA: Tienes altas aspiraciones. Si trabajas con ahínco hacia tu meta podrás lograrla y llegar a una posición de importancia.

MONTAR A CABALLO: Soñar que vas montado a caballo significa que disfrutarás el placer pero el precio que pagarás es tu buen nombre.

MONTURA: Tu vida será fácil y cómoda.

MORDAZA: Soñar que tienes una mordaza sobre la boca o que tu boca está cubierta de alguna manera significa que alguien te besará en el futuro cercano.

MOSCAS: Alguien está celoso de ti a causa de tu éxito. Matar moscas es irritar a la persona que te tiene celos y hacer alarde de tu éxito.

MOSTAZA: Ver Comer/Beber.

MOTOCICLETA: Una motocicleta es un vehículo poderoso en el que uno se monta. Muchas personas ven esto con cierta connotación sexual; una advertencia relacionada con encuentros sexuales. En la actualidad, siempre es prudente ser cauteloso respecto a los encuentros sexuales, en particular si son informales. Pero la motocicleta no necesariamente se relaciona con el sexo. Para conducirla bien, hay que controlarla por completo y anticipar cada movimiento. Concéntrate en lo que vas a hacer y toma el control de la velocidad y los frenos de la vida. No temas abrirte y ser veloz si el camino se ve libre.

MUCHACHITO: Dicen los gitanos que si sueñas con un muchachito (un niño) con toda seguridad tendrás placeres en el futuro, tanto en los negocios como en la vida hogareña. Si el muchacho tiene como trece años, es señal de que el trabajo diligente traerá una gran recompensa.

MUELLE: Ver Puerto.

MUÉRDAGO: Si sueñas que alguien te besa bajo un adorno de muérdago en Navidad, realmente te está besando; esa persona llegará a ser muy importante en tu vida. Si sueñas que una rama de muérdago se cae, significa que nunca te casarás o, si ya estás casado, que te vas a divorciar. Si sueñas que estás cortando muérdago de un árbol, tendrás muchos amantes para elegir entre ellos.

MUERTO: Ver Cadáver.

MUJER (HERMOSA): Éxito en el amor y en los negocios. Se reconocerán tus esfuerzos.

MULA: Ver Asno/Borrrico.

MURCIÉLAGO: Un murciélago volando significa que todos tus pequeños problemas se resolverán de manera rápida y fácil. Si el murciélago está inmóvil, colgado boca abajo, lo que ahora parecen problemas pequeños más tarde podrán convertirse en problemas grandes.

MUSGO: Soñar con musgo suave y verde indica que tienes una disposición cariñosa; que eres muy afectuoso.

N

NABO: Soñar que estás en un campo de nabos indica adquisición de riquezas; para los enamorados es un augurio de gran fidelidad y buena disposición por parte de su pareja.

NADAR: Soñar que estás nadando con la cabeza sobre el agua significa que tendrás mucho éxito. Nadar con la cabeza bajo el agua significa que tus problemas te abrumarán. Nadar desnudo significa que tendrás éxito en el ámbito social.

NARANJAS: Ver Frutas.

NARCISOS: Señal de un matrimonio temprano.

NAUFRAGIO: Padecerás una enfermedad peligrosa, pero no será fatal.

NAVIDAD (FIESTA DE)/CUMPLEAÑOS (FIESTA DE): Estar en una fiesta significa que al día siguiente te reunirás con la persona que amas y te divertirás mucho.

NEBLINA: Ver Niebla.

NIDO: Señal de un matrimonio cercano. Un nido lleno de huevos indica éxito en tu vida personal. Un nido lleno de polluelos es presagio de un viaje con amigos en el futuro próximo. Un nido vacío significa que los planes del viaje fracasarán.

NIEBLA/SIRENA DE NIEBLA: Incertidumbre. Soñar que estás en medio de una niebla muy densa significa que tu trayecto por la vida a menudo parecerá oscuro y desconcertante. Pero si perseveras y trabajas en desarrollarte como persona, saldrás de las tinieblas a la luz. Estar totalmente perdido en la niebla significa que estás frustrado y no sabes qué decisión tomar. Escuchar una sirena de niebla significa que se aproximan tiempos difíciles.

NIEVE: Nieve ligera que cae es señal de contento. Una fuerte nevada es una advertencia de que debes ser cauteloso. Ver nieve que dobla las ramas de los árboles significa que estás bajo presión para producir. Soñar niños jugando en la nieve indica que se te recompensará con justicia.

NIÑO: Ver Bebé. Ver también Reunión.

NOVELA: Ver Biblioteca.

NOVIA: Si sueñas con una novia, es que tendrás riquezas. Si una jovencita sueña con una novia, encontrará su verdadero amor. Besar a una novia es estar seguro de un incremento de riquezas.

NUDOS: Si sueñas que estás haciendo nudos con una cuerda, te estás creando problemas.

NUECES: Ver Frutas.

NÚMEROS: Los números que aparecen en los sueños son importantes y debes tratar de recordarlos, en especial si los números vienen juntos (Ver el Capítulo 6, "Soñar con Provecho"). Los significados e ideas relacionadas con los números se presentan a continuación:

Cero: Armonía; unidad.

Uno: Soledad.

Dos: Felicidad; la pareja perfecta.

Tres: Disputas; argumentos.

Cuatro: Elecciones; decisiones.

Cinco: Equilibrio.

Seis: Exploración; sociabilidad.

Siete: Suerte y bendiciones.

Ocho: Nuevos principios; nueva vida.

Nueve: Familia e hijos.

O

OBISPO: Recibirás noticias de la muerte de un familiar lejano. Ver también Abad.

OBITUARIO: Ver o leer un obituario significa que un amigo cercano se irá a vivir a un lugar muy lejano. Si lees tu propio obituario, significa que tu eres el que se irá a vivir a otro lugar.

OFICIAL: Cualquier tipo de oficial, sea de la ley o de las fuerzas armadas, indica dificultades. Tendrás problemas con la ley o experimentarás dificultades debido a tecnicismos, a causa de algo que pasaste por alto o que ignorabas. Ver también Militar.

ÓPERA: Simboliza placer seguido de infelicidad.

OPULENCIA: Simboliza extravagancia de tu parte. Ten cuidado para no gastar demasiado.

ORATORIA: Ver Discurso.

ORGANILLO: Ver un organillo o escuchar su música indica que alguien te está manipulando. Si tú estás operando el organillo significa que tú eres el que está manipulando.

ÓRGANO: Escuchar música de órgano o ver a alguien tocando el órgano significa que recibirás buenas noticias. Pero si los acordes son discordantes, recibirás malas noticias.

ORO: Soñar con oro significa que tenderás a ser ambicioso. Si compras oro, perderás amigos a causa de esta codicia. Pero si estás sacando oro de una mina, superarás esta tendencia.

ORUGA: Cuídate de los amigos falsos.

OSO: Gran fuerza oculta. Si matas un oso, superarás adversidades aparentemente insuperables. Si te persigue un oso, tendrás muchos problemas de negocios y tendrás que tratar con personas desagradables. Si le sigues la pista a un oso o lo cazas, subirás de categoría y se te respetará mucho.

OSTRAS: Ver Comer/Beber.

OVEJAS: Ver ovejas en un campo significa que encontrarás paz y felicidad en tu interior.

P

PAJA: Indica la posibilidad de una herencia. Estar segando paja significa que recibirás dinero que te has ganado.

PAJE: Ver Reunión.

PALACIO: Soñar un palacio pronostica que elevarás tu estándar de vida. Cuídate de vivir por encima de tu nivel.

PALMERA: Recibirás reconocimiento por el trabajo que has realizado y los servicios que has prestado. La palmera es un símbolo de honor y de victoria.

PALOMA: Ver Ave.

PANADERO/PANADERÍA: Ganancia; incremento. Puede ser ganancia financiera o un incremento en el tamaño de tu familia: ¡un hijo! Dicen los gitanos que es más probable que sea un hijo si alguien te da una pieza de pan. En general, todo lo que se relaciona con las panaderías simboliza alegría. Ver también Comer/Beber (Pan) y Reunión.

PANDERO: Si estás tocando el pandero, se te va a pedir cuenta de tus acciones... y ese prospecto no te hace feliz. Si ves a otra persona tocando el pandero, estarás en una posición que te permitirá tomarle cuenta de sus acciones a otro.

PANECILLO: Ver Comer/Beber.

PANQUÉ: Ver Comer/Beber.

PAÑOLETA: Si una mujer lleva una pañoleta, o diklo sobre la cabeza, significa que pronto se casará. Si una mujer casada sueña que lleva una pañoleta en la cabeza, significa que tendrá un amorío.

PAÑUELO: Si la persona que amas te da un pañuelo, es señal de fidelidad. Si levantas un pañuelo que alguien tiró, es que asumirás las dificultades de otra persona. Sonarte con un pañuelo significa que recibirás noticias de enfermedades en la familia.

PAPA: Soñar con el Papa indica extravagancia. Si sueñas que tú eres el Papa, vas a estar gastando demasiado en forma imprudente.

PAPALOTE: Soñar que vuelas un papalote indica que sientes que tu trabajo es demasiado para ti.

PARAGUAS: Llevar un paraguas en tus sueños indica que te sientes muy vulnerable y necesitas protección. Esto es aún mayor si el paraguas está abierto. Ver también Sombrilla.

PARAÍSO: Si te encuentras en lo que parece el paraíso, eso significa que no estás siendo realista respecto a tu trabajo y tu entorno.

PARCHE EN EL OJO: Muestra interés en lo oculto; en lo secreto.

PARCHES (COLCHA DE): Ver Acolchado.

PASILLO: Una división; una partida. Si sueñas con el pasillo central de una iglesia, esto a menudo indica que habrá un desacuerdo entre dos grupos familiares. Las familias de los gitanos siempre se aseguran de sentarse en el mismo lado de la iglesia, y no unos en un lado y otros en otro.

PASTAS SECAS: Ver Comer/Beber.

PASTOR: Ver Reunión.

PATO/GANSO: Por lo general es un buen augurio. Un pato o un ganso que está graznando, es heraldo de buenas noticias. Dispararle a un pato es cometer un error. Ver uno o varios patos volando de izquierda a derecha significa que te llegarán buenas noticias; y si están volando de derecha a izquierda significa que recibirás malas noticias.

PAVO: Un pavo vivo significa que se te pedirá que des un discurso. Un pavo muerto o cocinado indica que estarás involucrado en un escándalo.

PAVO REAL: Ver Ave.

PECHOS: Los pechos bien desarrollados y formados indican que puedes esperar tener riqueza y comodidad. Si los pechos son viejos y marchitos, experimentarás tristeza y tal vez enfermedad.

PELOTA: Algo difícil de conservar. Si rueda y se aleja de ti, debes trabajar con más diligencia para salir adelante. Si rueda hacia ti, puedes relajarte y cosechar la recompensa que con justicia mereces.

PELUCA: Soñar que estás usando una peluca significa que eres pretencioso o permites que los demás crean de ti cosas que no son verdad.

PELUQUERO/PELUQUERA: Si te rasura un peluquero, es un mal augurio. Si te cortan el pelo, significa que deberías cuidarte de las murmuraciones. Si te arreglan el pelo significa que deberías poner más atención a tu apariencia.

PERAS: Ver Frutas.

PEREGRINO: Ver Reunión.

PERFUME: Si hueles perfume o te pones perfume, tendrás una cita con una persona muy atractiva del otro sexo. Pensarás en involucrarte en un romance con ella.

PERICO: Ver Ave.

PERIÓDICO: Comprar un periódico significa que recibirás una carta. Estar leyendo un periódico significa que recibirás noticias que podrían ser buenas o malas, pero lo más probable es que sean malas.

PERLAS: Ver Vestir.

PERRO: Si sueñas que juegas con un perro puedes esperar sufrir por tus extravagancias anteriores. Si te persigue un perro, perderás a un amigo. Un perro que va corriendo indica que vas a perder una demanda. Un perro que ladra significa que llegarás a ser un amigo muy cercano de personas de las que antes desconfiabas. Si te muerde un perro, eso significa que discutirás con tu pareja. Si oyes ladrar a un perro, es una advertencia de peligros venideros.

PETRÓLEO/GASOLINA: Por lo general se le relaciona con la riqueza. Ver un campo petrolero significa que te va a llegar dinero. Si usas una lata de petróleo o gasolina, los compras o los vacías, significa que se te premiará bien por tus esfuerzos. Derramar petróleo significa que perderás dinero.

PEZ: Ver un pez nadando indica alegría y éxito. Atrapar a un pez significa que habrá enfermedad en la familia. Comer pescado significa que te enfermarás.

PIANO: Ver un piano y escuchar que alguien lo toca indica que irás a una fiesta. Si tú estás tocando el piano, eso significa que tú organizarás la fiesta.

PICHÓN: Ver Ave.

PINO: Simboliza un logro emocionante pero tal vez peligroso. Incluso podría ser una cita emocionante... ¡que lamentarás toda tu vida!

PINTAR: Soñar que estás pintando una casa o dándole una capa de pintura a algo, significa que tienes algo que ocultar; algo que estás tratando de disimular. Si otra persona está pintando, entonces un amigo o asociado te está ocultando algo.

PINTOR: Ver Reunión.

PINTURAS: Ver o admirar buenas pinturas significa que tienes muchos falsos amigos, y que estás perdiendo mucho tiempo.

PIPA: Ver Humo.

PIRATA: Vas a viajar mucho. Cuídate de los accidentes.

PISTOLA: Tienes un carácter explosivo. Ten cuidado; podrías decir algo que lastimará a alguien.

PIZARRA: Ver Tiza.

PLANTAR: Si te plantan en un sueño, significa que la persona que amas te es infiel. Si tú plantas a alguien, es que estás plancando ser infiel a la persona que amas.

PLATA: Las monedas y los lingotes de plata indican honores y prestigio en tu futuro. Dicen los gitanos que si sueñas una vajilla de plata sobre una mesa eso significa que recibirás visitas no deseadas en tu casa.

PLATOS: Ver Vajilla.

PLEITO: Soñar que estás peleando con alguien significa que tendrás tratos ventajosos con un asociado de negocios. Si sueñas que estás peleando con la persona que amas, de hecho estarás aún más cercano a ella y recibirás de ella un regalo.

PLUMA: Una pluma blanca significa que tendrás buena suerte. Una pluma negra significa pérdidas financieras. Ver varias plumas flotando en el aire, sin importar de qué color sean, significa que tendrás oportunidad para realizar tus sueños. Muchas plumas de avestruz son señal de prosperidad, pero no necesariamente acompañada de felicidad. Ver también Vestir.

PLUMA/LÁPIZ: Estarás en una posición en la que podrás elegir algo que afectará a un gran número de personas.

POLICÍA: Si te arresta un policía (o gavmush, como lo llaman los gitanos), significa que harás algo por lo que tendrás que pedir perdón a tus amigos. Hablar con un policía significa que necesitas consejos. Ver también Reunión y Alguacil.

POLLO: Ver Gallina.

POLTRONA: Has estado trabajando demasiado y mereces unas vacaciones.

PÓLVORA: Se está fraguando un complot para derrocarte; para sacarte de una posición de importancia que tienes. Los que lo están fraguando son personas que considerabas tus amigos. Ver también Frasco de Pólvora.

PONI: Ver Caballo.

POSTE: Soñar que bailas alrededor de un poste adornado para un festejo es una señal segura de que estás enamorado.

POZO: Sacar agua de un pozo significa que te encontrarás con un extraño que te dará mucha información útil.

PRECIPICIO: Debes tomar una decisión muy importante. Si sueñas que te caes por un precipicio, ¡es que tomaste la decisión equivocada!

PREDICADOR: Te toparás con un embaucador.

PRESTAMISTA/BANQUERO: Ver Reunión.

PRÍNCIPE: Ver Reunión.

PRISIÓN: Ver Cárcel.

PROCESIÓN: Simboliza constancia en el amor.

PUENTE: Cruzar un puente significa que superarás tus dificultades. Si el puente es viejo, las vas a superar pero tendrás que trabajar mucho para hacerlo. Si el puente es nuevo y fuerte, te será fácil superarlas.

PUERCO ESPÍN: Indica desconcierto en los negocios, aunque algunos gitanos dicen que significa un mejor trabajo pero desilusiones con los amigos.

PUERTA: Ver Puerta Trasera.

PUERTA TRASERA: Existe una solución inesperada a un problema que tienes. Debes buscarla; tal vez esté bien escondida, pero está ahí.

PUERTO/MUELLE: Simboliza Un hogar o punto central. Si sueñas que llegas a un muelle, regresarás a casa. Si ves un barco entrando al muelle, también indica que regresarás a casa o al lugar donde te sientes más cómodo.

PULGAS: Molestias pequeñas. Pequeños problemas en tu negocio y en tus asuntos privados. Ver también Insectos.

PULSERA: Llevar una pulsera en la muñeca significa que recibirás una herencia. Si la llevas en una parte más alta del brazo, significa que recibirás un regalo. Una pulsera en el tobillo significa que gastarás una herencia con frivolidad. Perder una pulsera significa que dejarás pasar una oportunidad.

PUPITRE: Estar sentado ante un pupitre significa que tus palabras tienen mucho peso; lo que dices afectará a muchas personas. Ver también Escritorio.

Q

QUEMAR: Quemar cualquier objeto simboliza que te vas a deshacer de algo que ya no deseas. Si te quemas es que te estás castigando por algo malo que hiciste.

QUESO: Ver Comer/Beber.

QUIROMÁNTICO: Ver Leer la Buenaventura.

RAMILLETE: Señal de amor. Si te ofrecen un ramillete, te están ofreciendo amor. Si tú ofreces un ramillete, conocerás a alguien que te atraerá mucho. Llevar un ramillete significa un matrimonio cercano. Atrapar un ramillete que alguien te aventó significa que encontrarás tu verdadero amor. Lanzar un ramillete significa desagrado. Flores marchitas en un ramillete significan que habrá enfermedades.

RANA: Progresarás "a pasos agigantados", según dicen los gitanos. Si ves una rana inmóvil, todavía no es seguro que vayas a avanzar en el futuro cercano. Si la rana está saltando, ¡Espera un poco!

RASTRILLO: Soñar con un rastrillo de jardín indica que necesitas organizar mejor tus planes. No podrás progresar hasta que no tengas una comprensión más clara de a dónde quieres ir.

RASURARSE: Soñar con rasurarse significa que tiendes a ser avaro. Si te cortas al rasurarte, vas a perder dinero por no estar dispuesto a especular.

RATA: Tienes un enemigo secreto que está actuando en tu contra. Alguien que aparenta ser tu amigo (aunque no un amigo cercano) en realidad es un enemigo. Tal vez no esté tramando nada contra ti, pero se está enterando de tus secretos con el fin de usarlos para su beneficio.

RATÓN/RATONES: Soñar ratones por lo general significa que tendrás pequeñas molestias. Si te asusta un ratón, te sentirás muy apenado por algún incidente. Si ves a un ratón siendo perseguido, es una señal segura de que no estás luchando por ti mismo; permites que otras personas te den órdenes. Atrapar un ratón significa que vas a recibir una carta desagradable. Un ratón que ya cayó en una trampa indica que se te obligó a hacer algo que no querías.

REGALO: Si recibes un regalo de un hombre, eso indica la posibilidad de peligro; si lo recibes de una mujer, es señal de desprecio. Si tú das el regalo, vas a librarte de problemas y preocupaciones.

REINA: Ver Reunión.

REJA: Si encuentras que tu camino está bloqueado por una reja cerrada, eso significa que tus deseos se frustrarán. Si la reja está abierta y puedes pasar, tus planes irán bastante bien y sólo habrá pequeños obstáculos.

RELÁMPAGO: Problemas causados por una mujer que has tenido muy cerca (pero no es miembro de tu familia). Ver que un relámpago cae en un árbol o en un edificio, significa que estarás involucrado en un caso legal provocado por esta mujer. Ver también Lluvia y Trueno y Relámpago.

RELICARIO: Indica una relación afectuosa duradera que te traerá mucha alegría y felicidad.

RELOJ: Ver un reloj en un edificio significa que recibirás reconocimiento. Un reloj pequeño indica que tendrás que tomar una decisión rápida. Darle cuerda a un reloj significa que tendrás que trabajar mucho para conseguir un intercambio razonable. Si escuchas las campanas de un reloj, es una advertencia de que el tiempo se te está acabando. De ser posible, recuerda qué hora marcaba el reloj en tus sueños (o el número de campanadas que escuchaste). Esto podría ser importante: Ver Números. Ver también Despertador.

RELOJ DE ORO: Recibirás un reconocimiento público.

RELOJ DE PULSERA: Usar un reloj de pulsera o ver la hora en él significa que te va a visitar una persona muy importante.

REMO: Remar con dos remos significa que saldrás adelante por tu propio esfuerzo. Perder un remo al estar remando significa que tendrás un pequeño contratiempo, pero pronto te recuperarás.

REMOLINO: Estás en una situación muy peligrosa y podría arrastrarte en cualquier momento sin advertencia alguna.

REPIQUE: Ver Campanas.

REPTIL: Una persona de quien no estás muy seguro es, de hecho, un buen amigo que actuará para beneficiarte. Cuando lo reconozcas, esta persona resultará ser el mejor amigo que jamás hayas tenido.

REVISTA: Soñar que estás leyendo una revista significa que si trabajas con ahínco avanzarás mucho. Ver un puesto de revistas o ver a otra persona leyendo una revista, significa que te pondrás en contacto con una persona que podrá ayudarte a avanzar.

REVÓLVER: Ver Pistola.

RIACHUELO: Ver Arroyo.

RÍO: Soñar que ves un río caudaloso con aguas tranquilas y claras es un presagio de felicidad y éxito en la vida; para una persona casada significa una vida familiar satisfactoria. Si las aguas del río son violentas y turbias, harás un viaje que podría incrementar tu fortuna, aunque existen varios riesgos.

RIQUEZA: Lo que sueñes que tienes en riqueza te falta en salud. Si sueñas que eres muy rico, necesitas poner mucha más atención en tu salud.

RIVAL: Ver Reunión.

RIZOS: Si sueñas que tienes el pelo rizado, serás muy popular en la sociedad y las personas del sexo opuesto te admirarán mucho. Si otra persona tiene el pelo rizado, cuídate de criticar a otros, en especial a los del sexo opuesto. Si se cortan los rizos, de pronto te encontrarás sin amigos. Ver también Cabello.

ROBLE: Simboliza un buen matrimonio sólido. Si se le están cayendo bellotas o ya se le han caído, tu matrimonio será bendecido con muchos hijos. Ver también Bellota.

ROCA: Una obstrucción; una molestia. Observa cómo rodeas o escalas la roca en tu sueño. Una roca que cae es un cambio inesperado de fortuna.

ROCÍO: Los gitanos dicen que es muy buen augurio soñar que ves el rocío de la mañana en el césped. Indica que serás afortunado en el amor y que tu vida siempre será feliz.

RODILLAS: Ver o admirar las rodillas de alguien significa que conocerás a un extraño muy atractivo. Estar de rodillas significa que pronto tendrás que pedirle perdón a alguien.

ROJO: Ver Colores.

ROPA INTERIOR: Soñar que no traes ropa interior significa que tienes miedo de que se te descubra en una mentira; tienes algo que ocultar. Traer ropa interior rota, significa que te avergüenzas de una acción que hiciste recientemente.

ROSA: Según los gitanos, siempre es un buen augurio. Una rosa en plena floración indica salud, alegría y felicidad. Un botón de rosa indica el potencial para desarrollar una maravillosa amistad. Una rosa marchita significa que estás descuidando una vieja amistad. Una rosa blanca indica inocencia; una rosa roja, satisfacción.

RUBÍ: Un fuerte amor romántico, aunque puede ser efímero.

RUEDAS: Cuando en un sueño son muy notorias las ruedas en movimiento, eso indica viajes. Si las ruedas no están en movimiento, harás varios viajes cortos.

REUNIÓN: En muchos sueños, te reúnes con diferentes tipos de personas. Aquí presentamos el significado de algunas que pueden ser importantes. Ver también el significado de algunas de estas personas en particular.

Abogado: El matrimonio de un amigo(a).

Abuelo: Una herencia.

Amante: Problemas; disputas.

Anciano(a): Se te pedirá que muestres tu sabiduría a otros.

Cardenal: Tendrás que mudarte contra tu voluntad.

Cerrajero: Un robo.

Ciego: Tienes amigos falsos.

Doctor: Eres una persona honorable y se te reconocerá como tal.

Enano: Gran peligro en el porvenir.

Enfermera: Larga vida.

Ermitaño: Un amigo traicionero.

Escultor: Utilidades por haber trabajado diligentemente.

Lacayo: Enemigos. Harás un viaje que podría ser muy peligroso.

Leñador: Mucho trabajo sin recompensa.

Jinete: Orgullo.

Juez: Castigo. Ver también Magistrado.

Marinero: Noticias del otro lado del mar.

Mendigo: Ayuda inesperada por parte de alguien que no esperabas que te ayudara.

Mesero(a): Sospechas.

Millonario: Cobrarás un dinero que te debían en el pasado; un dinero que ya no recordabas.

Minusválido: Contratiempos en los negocios.

Paje: Abuso de confianza.

Panadero: simboliza ganancias.

Pastor: Se te pedirá que asumas más responsabilidades.

Peregrino: Se te recompensará con justicia.

Pintor: Una vida larga y feliz.

Policía: Aprehensión.

Prestamista/Banquero: Persecución.

Príncipe: Honor y utilidades.

Reina: Prosperidad.

Rival: Pleitos familiares.

Sacerdote: Escándalo.

Sastre: Infidelidad.

Secretaria: Te va a llegar ayuda.

Señor/Señora: Humillación.

Terrorista: Miedo interno y profundo.

Tío: Ventajas.

Trabajador: Felicidad conyugal e incremento en la fortuna.

Verdugo: Ver un verdugo en tus sueños significa que tendrás una muerte prematura.

SABUESOS: Soñar sabuesos en plena persecución significa que tendrás abundancia en tu mesa durante el próximo año.

SACACORCHOS: Tienes un amigo muy inquisitivo que podría dañarte.

SACERDOTE: Ver Predicador y Reunión.

SAL: Ver Comer/Beber.

SALCHICHAS: Ver Comer/Beber.

SALÓN DE BAILE: Un salón lleno de gente bailando indica una vida familiar feliz. Un salón de baile vacío muestra que anhelas tener compañía o una familia. Las danzas intrincadas simbolizan la capacidad de tener éxito en cualquier cosa que emprendas. Ver a otros bailar indica que encontrarás placer en la buena fortuna de otros. Si tú estás bailando, significa que encontrarás placer en el trabajo que haces.

SALTAMONTES: Una mala señal, por lo general significa que habrá pérdidas financieras.

SANDALIAS: Traer sandalias es señal de éxito. Si las sandalias te lastiman los pies, tendrás muchos problemas pero a la larga los superarás todos.

SANGRE: Los gitanos dicen que soñar que tienes sangre en las manos significa que recibirás una herencia. Ver un charco de sangre significa que existe la oportunidad de una inversión que podría ser muy productiva.

SANGUIJUELA: Tendrás que enfrentar obligaciones familiares que has estado tratando de evadir.

SAPO: Soñar con un sapo indica la posibilidad de un accidente. Recoger un sapo significa un accidente sin importancia como cortarte un dedo o darte un golpe en un dedo del pie.

SASTRE: Vas a estar muy ocupado con poco tiempo para divertirte. Ver también Reunión.

SATÍN: Ver Vestir.

SECRETARIA: Ver Reunión.

SED: Soñar que tienes una sed insaciable significa que estás buscando nuevos conocimientos; estás buscando una respuesta a un problema que has tenido por mucho tiempo.

SEDA: Ver Vestir.

SEÑOR: Ver Reunión.

SEÑORA: Ver Reunión.

SEPULCRO/LÁPIDA SEPULCRAL: Ver Cementerio.

SERMÓN: Si estás escuchando un sermón, recibirás buenos consejos de un amigo. Deberías escucharlo. Si estás dando un sermón, se te acusará de traicionar a alguien.

SERPIENTE: Ver Reptil.

SERVILLETA: Una servilleta blanca fina indica que tienes un amigo verdadero y fiel que haría cualquier cosa por ti. Si se te cae una servilleta, harás algo que dañará esa amistad.

SETO: Los gitanos dicen que soñar con setos significa que participarás en pláticas muy importantes. La palabra gitana para "conferencia" es bouri-pennen, que se traduce literalmente como "reunión en los setos", en vista de que este tipo de reuniones a menudo se llevaban a cabo cerca de un seto vivo de árboles.

SICÓMORO: Soñar con un sicómoro significa que hay celos en tu matrimonio o en tu noviazgo. Ver también Árbol.

SILLA: Ver los distintos tipos de asientos.

SILLÓN: No importa si el sillón está vacío o si estás sentado en él. Indica que te has establecido con firmeza en tu posición actual, y nadie podrá sacarte de ella sin tu consentimiento.

SIMIO/MONO: Simboliza el engaño. Cuídate de asociados de negocios que están tratando de engañarte. Juzga a tus amigos por sus acciones y no por sus palabras.

SIRENA: Tendrás grandes expectativas seguidas de grandes desilusiones.

SIRVIENTA: Ver una sirvienta significa que recibirás buenas noticias. Si tú eres la sirvienta, recibirás malas noticias.

SOBRE: Escribir una dirección en un sobre significa que pronto te encontrarás con esa persona. Si recibes un sobre, tendrás una oportunidad. Si mandas un sobre por correo, le harás un favor a alguien, esa persona te lo agradecerá y más tarde te recompensará por ello. Ver también Cartas y Dirección.

SOLDADO: Prepárate para dificultades futuras. Ver a varios soldados indica mayores problemas futuros. Ver también Reunión.

SOLTERO: Si un hombre sueña que es soltero, debe ser cauteloso en su trato con las mujeres. Pero según una gitana anciana de Kent, cuando una mujer sueña con un soltero, esto indica que su amante es inestable.

SOMBRAS: Sombras densas en tus sueños indican pesimismo y la posibilidad de fracaso. Sin importar lo brillantes que se vean tus prospectos, estarás consciente de que las cosas podrían salir muy mal.

SOMBRERO: Ver Reunión.

SOMBRILLA: Llevar una sombrilla muestra que tienes un gran número de buenos amigos. Abrir la sombrilla equivale a recibir regalos sorpresa de estos amigos.

SOPA: Ver Comer/Beber.

SORDO: Si sueñas que estás sordo, significa que pronto se aliviarán todas tus preocupaciones. Si estás tratando de hablar con un sordo, experimentarás algunas molestias sin importancia.

SÓTANO: Ver Bodega.

SUBASTA: Estar en una subasta significa que recibirás un aumento de sueldo inesperado. Si eres el subastador, significa que tendrás que trabajar diligentemente para lograr ese aumento.

SUSTO: Soñar que estás asustado a acusa de un objeto o suceso aterrador, muestra que tienes muchas reservas respecto a una decisión que tomaste recientemente. Necesitas examinar esa decisión.

T

TAMBOR: Señal de comunicación. Si estás tocando el tambor, escribirás una carta importante. Si escuchas el sonido de un tambor, recibirás una carta importante.

TÁNDEM: Soñar una bicicleta tándem significa que formarás una sociedad, ya sea de negocios o una sociedad conyugal, casándote.

TAPETE/ALFOMBRA: Una alfombra fina y con muchos adornos o una alfombra oriental significa que recibirás riquezas. Una alfombra vieja y desgastada significa que fracasarás en épocas difíciles.

TARDANZA: Cuando parece haber una larga tardanza en tu sueño, y estás esperando que algo suceda, significa que recibirás una sorpresa que podría ser agradable o desagradable.

TARJETA POSTAL: Vas a asistir a una celebración social en la que vas a estar muy inseguro de ti mismo.

TATUAJE: Nunca podrás guardar un secreto.

TAXI: Ir en un taxi es tener buena fortuna. Algunos gitanos dicen que indica que tendrás unas vacaciones cortas pero placenteras.

TÉ: Si sueñas que le estás sirviendo té a alguien, significa que alguien se te acercará para pedirte un préstamo. Si sueñas que estás tomando té con alguien, es una señal de que esa persona es buena y confiable.

TEATRO: Estar en un teatro, en un cine o como espectador de una obra teatral, significa que asistirás a una celebración social pero te sentirás fuera de lugar.

TEJO: Símbolo de fuerza. Eres alguien de quien los demás pueden apoyarse cuando tienen una necesidad. Tus amigos saben que pueden recurrir a ti con sus problemas. Ver también Árbol.

TEJÓN: Es señal de sabiduría y sagacidad (discernimiento).

TELARAÑA: Señal de holgazanería, a menos que esté presente una araña. Ver Araña.

TELESCOPIO: Viajarás a un lugar muy lejano que te parecerá interesante y emocionante.

TELEVISIÓN / VIDEO: Si estás viendo un video o una película en la televisión y puedes seguir la historia, date cuenta de que el protagonista te representa a ti. Sin importar qué tipo de programa estés viendo, si puedes seguir la historia en tu sueño, se relaciona contigo y tu situación o tus problemas presentes. Relaciónalo con los simbolismos personales y universales que se dan en una sección anterior de este libro. Si no puedes decidir que video ver, necesitas examinar tus elecciones en la vida o en el trabajo y reflexionar cuidadosamente qué dirección quieres seguir.

TERCIOPELO: Ver Vestir.

TERREMOTO: Estás muy inseguro de ti mismo y necesitas hacer algo para adquirir algo de confianza en ti mismo.

TERRORISTA: Ver Runión.

TESORO: Buscar un tesoro es buscar reconocimiento. Descubrir un tesoro enterrado o bajo el agua es recibir un reconocimiento o un premio inesperado.

TESTAMENTO: Soñar que estás escribiendo tu testamento significa que estás muy insatisfecho con las acciones de un pariente cercano.

TETERA: Una tetera de cobre brillante (kavvi) significa gran comodidad doméstica. Disfrutarás una vida hogareña muy feliz. Si la tetera es negra y de hierro forjado, tendrás muchos hijos y tendrás una relación muy cercana con ellos. Si la tetera está hirviendo y echando vapor, recibirás buenas noticias de un familiar.

TÍA: Ver Tío/Tía.

TIBURÓN: Peligro a causa de enemigos celosos. No dejes que el pánico te obligue a hacer algo sin antes pensarlo con cuidado.

TIENDA DE CAMPAÑA: Los gitanos llaman a sus tiendas bender. Si sueñas que duermes en una tienda de campaña, significa que te sientes seguro. Si sueñas que estás armando una tienda de campaña, eso significa que estás trabajando bien para lograr tu propia seguridad.

TIGRE: Fiera enemistad; rencor hacia una persona en particular. Cazar un tigre significa que alguien te ha puesto una trampa pero la reconocerás y la eludirás. Matar a un tigre significa que triunfarás sobre tus enemigos.

TIJERAS: Enemigos. Odio.

TIMBRE: Un timbre que suena persistentemente, es señal de alarma... debes estar alerta.

TINTA: Estar escribiendo con pluma y tinta significa que traicionarás la confianza de alguien. Tirar tinta significa que serás desenmascarado.

TÍO/TÍA: Verlos en tus sueños es señal de futuros pleitos familiares. Ver también Reunión.

TIOVIVO: Ver Carrusel.

TIZA / GIS: Un trozo de tiza o gis o algo escrito con gis en una pizarra indica una ventaja temporal que podría desaparecer con la misma facilidad. Si hay algo escrito, toma nota de lo que dice.

TORBELLINO: Te involucrarás en un argumento tremendo con un familiar y dirás cosas de las que después te arrepentirás.

TORO: Los gitanos creen que soñar con un toro significa que vas a experimentar ganancias financieras. Si es un toro blanco, ganarás en el amor y en la amistad. Si un toro te persigue, significa que deberías ser cauteloso en tus tratos de negocios. Torear o estar en una corrida de toros significa que hay muchas fuerzas en actividad y necesitas concentrar tus esfuerzos en una ruta de progreso en particular.

TORTUGA: Simboliza tardanzas y disgustos en los negocios.

TRABAJADOR: Ver Reunión.

TRABAJO: Soñar que estás trabajando en tu puesto, a menudo es señal de satisfacción y orgullo. Pero si en el sueño eres desdichado o estás incómodo en esa situación, es una advertencia de que estás demasiado tenso y posiblemente tengas una sobrecarga de trabajo. Necesitas tomarte unas vacaciones o tener un pasatiempo que sea totalmente diferente a tu trabajo. Si sueñas que pierdes tu trabajo, eso refleja pérdida de seguridad. Tal vez estés en riesgo de perder a alguien que amas o de perder tu casa. Soñar que tienes una promoción muestra confianza en ti mismo, lo que, si se refleja en tu trabajo, podría llevarte a una promoción o a un aumento de sueldo.

TRANSBORDADOR: Un transbordador indica que tendrás la oportunidad de unir a dos grupos que se habían dividido.

TRÉBOL: La pasarás muy bien con alguien a quien admiras mucho.

TREN: Ver pasar un tren es señal de que perdiste una oportunidad. Viajar en tren significa que alcanzarás tus metas aunque no trabajes especialmente para lograrlo. Un tren de carga indica trabajo manual, mientras que un tren de pasajeros indica trabajo mental. Ver también Locomotora.

TRIATES: Señal de buena suerte, buena salud, riqueza y abundancia.

TRIGO: Un campo de trigo maduro indica que te volverás rico. Si ya se cosechó el trigo, perderás una oportunidad fantástica de ganar mucho dinero (es como estar cerca del número ganador de la lotería).

TROMBÓN: Tocar el trombón, verlo o escuchar a alguien tocarlo significa éxito en el amor.

TROMPETA: Tocar la trompeta, verla o escuchar que alguien la toca significa una leve frustración, que podría convertirse en algo grave.

TRUENO Y RELÁMPAGO: Se avecinan tiempos difíciles con muchas disputas, argumentos, desacuerdos, y posiblemente hasta demandas legales. Si escuchas el trueno sin ver el relámpago, entonces todo resultará bien. Ver también Relámpago y Lluvia.

TULIPANES: Soñar tulipanes es señal de abundancia. Si te ves de pie en medio de un jardín rodeado de tulipanes, es un pronóstico de que serás rico y distinguido.

TUMBA: Entrar a una tumba significa que tendrás una enfermedad. Estar encerrado en una tumba significa que será una enfermedad grave.

TÚNEL: Soñar que pasas por un túnel iluminado indica que negociarás con éxito durante uno o más periodos difíciles en el trabajo o en el hogar. Pasar por un túnel oscuro significa que pasarás dificultades en tu trayecto.

U

ÚLCERAS: Soñar que tienes úlceras es reconocer que estás muy preocupado por algo; que te estás preocupando más de lo debido. Trata de relajarte y de hablar de tus preocupaciones y tus miedos, o bien podrías llegar a tener úlceras.

URGENCIA: Si hay gran urgencia en tus acciones o en las acciones de otro, es señal de que cres muy impaciente.

UVAS: Ver Frutas.

V

VACA: Signo del hogar y de la comodidad. Serán muy pocas tus necesidades. Si estás ordeñando una vaca, tendrás que trabajar diligentemente la mayor parte de tu vida pero tu recompensa será grande.

VAGABUNDO: Has echado raíces y te vas a quedar en el lugar donde ahora vives por mucho tiempo.

VAGÓN: Ver Carreta.

VAJILLA: Te robarán pertenencias.

VALLE: Todos los gitanos están de acuerdo en que caminar en un valle es señal de contento y tranquilidad, y de saberse protegido.

VARDO: Ver Carreta.

VASIJA: Una vasija de agua fría indica la necesidad de estar más cerca de la familia; la necesidad que mayor calidez entre sus miembros. Una vasija de agua tibia significa que amas y cuidas de las personas. Una vasija de agua sucia significa que habrá pleitos familiares.

VASO: Si ves varios vasos, significa que habrá discusiones repentinas con la persona que amas. Un solo vaso indica la necesidad de unas vacaciones cortas. Romper un vaso significa que cambiarás en forma repentina los planes que has hecho.

VELA: Una vela sin encender es símbolo de oportunidad. Una vela encendida simboliza revelación; se te revelará lo que estaba oculto. Soñar con candelabros o candeleros es señal de que asumirás una nueva responsabilidad.

VELO: Ver Vestir.

VENADO: Representa ganancias financieras y sociales. Ver que matan a un venado significa que habrá un escándalo. Si tú eres el que mata al venado, serás el centro del escándalo.

VENDA EN LOS OJOS: Si alguien te venda los ojos, significa que estás en busca de conocimientos. Ponerle a alguien una venda en los ojos significa que tienes conocimientos que deberías compartir con otros.

VENUS: Si un joven sueña con la diosa Venus eso significa que está buscando a la mujer ideal. Si una joven sueña con esta diosa, eso significa que se siente frustrada en el aspecto sexual.

VERDE: Ver Colores.

VERDUGO: Ver Reunión.

VESTIR (PRENDAS DE):

Abanico: Orgullo con un toque de vanidad.

Agujas: Desilusiones amorosas.

Alfileres: Contradicción.

Banda (cinto): Si estás usando una banda, eso significa que destacarás porque recibirás cierto tipo de reconocimiento, pero eso provocará celos entre tus amigos.

Bordado: Amor que podría crecer y convertirse en algo maravilloso.

Cadena: Un cinturón de cadena, o una prenda de vestir similar, indica unión.

Gasa: Modestia afectada.

Guantes: Tendrás placer pero será muy breve.

Jarretera (liga): Símbolo de rango y prestigio. Recibirás una promoción, pero esto te pondrá en una posición más vulnerable. Tendrás que ser mucho más cauteloso al considerar las consecuencias de tus palabras y acciones.

Lino: Fortuna; abundancia.

Listones: Cambio de empleo.

Manguillo: Ostentación. Con demasiada frecuencia haces las cosas por capricho.

Perlas: Lágrimas.

Plumas: Si son blancas indican gran sentido del humor. Si son negras, una actitud pesimista. Ver también Pluma.

Seda (Satín): Ganancias financieras.

Sombrero: Un sombrero nuevo es señal de sorpresa. Un sombrero demasiado grande es señal de ostentación. Uno demasiado pequeño indica que eres demasiado modesto.

Terciopelo: Si sueñas con terciopelo negro, es el presagio de una muerte en el futuro cercano. El terciopelo violeta significa gloria y lujo en el futuro. El terciopelo rojo es un amorío peligroso que podría provocar un escándalo. El terciopelo azul indica que necesitas vacaciones. El terciopelo verde es señal de riqueza inesperada.

Velo: Tienes algo qué ocultar.

Zapatos: Ver Botas.

VESTIDO (BLANCO): Si sueñas con una mujer vestida de blanco, o si eres mujer y sueñas que estás vestida de blanco, eso indica que se te acusará de murmuraciones malignas pero se comprobará que eres inocente.

VIAJAR: A menudo simboliza progreso espiritual, aunque por lo general los gitanos no están conscientes de eso en especial. Para ellos, soñar con viajes de todo tipo es un avance natural en la vida; avances, metas alcanzadas, nuevos amigos y situaciones.

VINAGRE: Ver Comer/Beber.

VIÑEDO: Un viñedo lleno de racimos de uvas rojas simboliza una vida de riqueza y buena fortuna. Las uvas verdes que no han madurado y están en la vid, indican potencial de riqueza, pero tendrás que trabajar para obtenerla.

VIOLETA: Ver Colores.

VIOLÍN: El bosh es el instrumento favorito de los gitanos. Soñar que ves y escuchas que alguien toca un violín es una muy buena señal; simboliza gran regocijo y buena compañía. Soñar que estás tocando el violín es saber que se te ama y se te admira mucho.

VIRGEN: Si una mujer sueña que es virgen, es que quisiera ser deseable para los hombres. Si un hombre sueña con una virgen, es que desea una mujer más joven.

VIUDA: Si una mujer sueña que es viuda, significa que el hombre que ama le es infiel.

VÍBORA: Ver Reptil.

VOLAR: Soñar que estás volando en el aire (y lo más común es soñar que al hacerlo te mueves como si estuvieras nadando) indica que te sientes restringido. Quieres ser libre para alcanzar lo que deseas. Dicen los gitanos que esto con frecuencia se relaciona con frustraciones sexuales. Soñar que vuelas en avión es ligeramente diferente; indica que quieres apresurar las cosas; estás ansioso de lograr algo con mucha más rapidez.

Y

YATE: Ver un yate navegando significa que te harás amigo de una persona rica. Si estás navegando en el yate, tú te volverás rico. Ver también Barco.

YEGUA: Ver Caballo.

YUNTA: Ver Buey.

YUNQUE: Ver Herrero.

Z

ZANJA: Engaño; problemas. Se cauteloso. Caer en un foso es una advertencia de una lesión en el futuro.

ZAPATOS: Ver Botas.

ZODIACO: Soñar con el zodiaco en su totalidad muestra gran interés en tus semejantes; una mente inquisitiva y activa. Si sueñas con un signo en particular, debes considerar los significados astrológicos generales. Las interpretaciones comunes de los gitanos son las siguientes:

Aries: Líder; pionero. En ocasiones impaciente y demasiado ambicioso.

Tauro: Trabajador diligente. Gran fuerza (y está orgulloso de ella); perseverancia.

Géminis: Adaptable. Sabe poco de muchos temas. Don de lenguas.

Cáncer: Sensible en extremo. Hogareño. Sigue la tradición.

Leo: Extrovertido. Sentido de lo dramático. Un gran amante.

Virgo: Conservador. Crítico; analítico. Excelente para planificar u organizar. Intelectual.

Libra: Tiene intuición y es capaz de predecir. Ama la paz y tiene gran sentido de justicia.

Escorpión: Tiene tenacidad y determinación. Gran control de sí mismo pero tiene una opinión demasiado buena de sí mismo. Puede ser celoso y exigente.

Capricornio: Ambicioso; materialista. Miedo a la insuficiencia. Puede estar muy deprimido o inmensamente feliz.

Acuario: El planificador; siempre ve hacia el futuro. Independiente. Honesto y bondadoso, pero es difícil entenderlo.

ZORRA: Una zorra es símbolo de una mezcla de hermosura y astucia. Cuídate de mujeres especialmente hermosas y seguras de sí mismas que parezcan atraerte.

ZORRO: Astucia; ingenio. Si ves pasar un zorro, tú serás el ingenioso. Si estás cazando zorros, cuídate de los demás. Una zorra con sus cachorros indica una mujer astuta.

Índice

A

ABAD 86
ABADÍA/MONASTERIO 86
ABANICO 86
ABEJA 87
ABISMO 87
ABOGADO 87
ABORTO 87
ABRAZO 87
ABUELA 87
ABUELO 88
ACCIDENTE 88
ACCIDENTE DE FERROCARRIL 88
ACEBO 88
ACEITUNAS 88
ACEPTACIÓN 88
ACOLCHADO 89
ACORDEÓN 89
ACTOR/ACTRIZ 90
ACUSACIÓN 90
ADORACIÓN 90
ADULACIÓN 90
AEROPLANO 91
AGUA 91
ÁGUILA 91
AGUJAS 91
AGUJAS PARA TEJER 91
AGUJERO 92
AHOGARSE 92
AJEDREZ 92
AJO 92
ALBARICOQUES 92
ALCALDE 92
ALFILERES 92
ALFOMBRA 92
ALFORJA 92
ALGA MARINA 93
ALGUACIL 93

ALIMENTOS 93
ALMIRANTE 93
ALONDRA 93
ALTAR 93
AMANECER 93
AMANTE 93
AMAPOLAS 93
AMARILLO 94
AMBULANCIA 94
AMAR (HACER EL AMOR) 94
ANARANJADO 94
ANCIANO/ ANCIANA 94
ANCLA 94
ÁNGEL 94
ANGUILAS 95
ANILLO 95
ANILLO CON JOYAS 95
ANIMALES 95
ANSIEDAD/ ESTRÉS 95
ANTORCHA 95
AÑO NUEVO 96
APOSTAR 96
ARADO 96
ARAÑA 96
ÁRBOL 97
ÁRBOL DE NAVIDAD 97
ARCO 97
ARCO IRIS 97
ARDILLA 97
ARENA 98
ARETES 98
ARMA DE FUEGO 98
ARMADURA 99
ARNÉS 99
ARQUERÍA 99
ARRACLÁN 99
ARRESTO 99
ARROYO 99
ARROZ 99
ARZOBISPO 99
AS 100
ASADO 100
ASALTANTES 100
ASESINATO 100
ASESINO 100
ASNO/BURRO 100
AUTO DE CARRERAS 101
AUTOMÓVIL 101
AVARO 101
AVE 102
- Alondra 102
- Águila 102
- Búho 102
- Buitre 103
- Canario 103
- Cisne 103
- Cuervo 103
- Golondrina 103
- Grajo 103
- Halcón 104
- Mirlo 104
- Paloma 104
- Pavo Real 104
- Perico 105
- Pichón 105
- Ruiseñor 105

AVENA 105
AVISPA 105
AZADÓN 106
AZAHAR 106
AZUL 106

B

BAILAR 106

BANCA 106
BANDEJA/ CHAROLA 106
BANDERA 107
BANJO 107
BAÑARSE 107
BARBA 107
BARCO 108
BARRER 108
BARRIL 108
BARROS 109
BAYONETA 109
BEBÉ 109
BECERRO 109
BELLOTAS 110
BESO 110
BIBLIOTECA / LIBROS 110
BICICLETA 110
BILLAR 111
BILLETE DE LOTERÍA 111
BÓVEDA 111
BODA 111
BODEGA 111
BOLSA DE MANO 112
BOMBA 112
BORDADO 112
BORRACHO 112
BORREGOS 112
BORRICO 112
BOSQUE 112
BOTAS/ ZAPATOS 113
BOTE SALVA-VIDAS 113
BOTELLA 113
BRAZO 113
BRIDA 114
BRÚJULA 114
BUENAVENTURA (LEER LA) 114
BUEY 114
BUFÓN 114
BÚHO 115
BUITRE 115
BURRO 115
BUQUE DE VAPOR 115
BUSTO 115
BUZO (CAMPANA DE, TRAJE DE) 115

C

CABALLERÍA 116
CABALLO 116
CABAÑA/CASA 116
CABELLO 116
CABRA 117
CADÁVER 117
CADENA 117
CAER 117
CAIMÁN 118
CAJA 118
CALAVERA 118
CALENTADOR DE CAMA 118
CAMA 118
CAMELLO 119
CAMEO 119
CAMINO 119
CAMISA 119
CAMISÓN/ NEGLIGÉ 120

CAMPAMENTO 120
CAMPANARIO 120
CAMPANAS 120
CAMPO DE BATALLA 120
CAMPOS 120
CAMPOSANTO 121
CANAL 121
CANARIO 121
CANASTA 121
CANDELERO 121
CANGREJO 121
CANICAS 122
CANOA 122
CANTAR 122
CANTINERO 122
CAÑÓN 122
CAPA 122
CAPITÁN 123
CAPÓN 123
CAPUCHA 123
CAPULLO 123
CARACOL 123
CARÁMBANOS 124
CARAMELO 124
CARAVANA 124
CÁRCEL 124
CARDENAL 124
CARDO 124
CARNE 124
CARNE ASADA 124
CARNERO 124
CARNICERO 125
CARPA DORADA 125
CARRERA 125
CARRETA 126
CARRO 126
CARROZA FÚNEBRE 126
CARRUSEL 126
CARTA DE AMOR 127
CARTAS (JUGAR A LAS) 127
CARTAS 127
CARTERA 128
CARTERISTA 128
CARTERO 128
CASA 128
CASCADA 128
CASTAÑAS / CASTAÑO 128
CASTAÑUELAS 129
CASTILLO 129
CEBADA 129
CEBOLLA 129
CEBRA 130
CEMENTERIO 130
CENIZAS 130
CERA PARA SELLAR 130
CERCA 130
CERDO 131
CEREZAS 131
CERILLO 131
CERRADURA 131
CERRAJERO 131
CERVATILLO 131
CEPILLO (PARA LIMPIAR CHIMENEAS) 131
CÉSPED 132
CHAL 132
CHIMENEA 132
CIEGO 132
CIERVO 132
CIGARRILLO 132
CIGÜEÑA 132
CINE 132
  Comedia 133
  Guerra 133
  Misterio 133

Musical 133
Romance 133
Tragedia 134
CIRCO 134
CIRUELAS 134
CISNE 134
COCINA 134
COCODRILO 134
COLCHÓN 134
COLINA 134
COLLAR 135
COLMENA 135
COLORES 135
Amarillo 135
Anaranjado 135
Azul 135
Marrón 135
Rojo 136
Verde 136
Violeta 136
COMADREJA 136
COMER/BEBER 136
Anguilas 136
Arroz 136
Brandy 136
Café 136
Carne cocida o asada 136
Col 136
Crema 137
Champaña 137
Chocolate 137
Ensalada 137
Galleta 137
Harina 137
Jalea 137
Jamón 138
Leche/Ordeñar 138
Lechuga 138
Licores 138
Macarrones 138
Maíz 138
Mantequilla 139
Miel 139
Mijo 139
Mostaza 139
Ostras 139
Pan 139
Panqueques 140
Pastas Secas 140
Pastel 140
Pollo de engorda 140
Queso 140
Sal 140
Salchichas 140
Salmón 140
Sopa 141
Tocino 141
Vinagre 141
Vino 141
COMETA 141
COMIDA 141
COMPUTADORA 142
CONCIERTO 142
CONEJO 142
CONFETI 142
CONVENTO 142
COQUETEAR 143
CORO 143
CORONA 143
CORONACIÓN 143
CORREO 143
CORREO (OFICINA DE) 143
CORRER 143
CORTINAJES 144
CORTINAS (DE ENCAJE) 144

CROQUET 144
CRUCE DE CAMINOS 144
CRUCIFIJO 144
CRUZ 144
CUBETA 144
CUCHILLO 145
CUERDA 145
CUERO 145
CUERVO 145
CUEVA/ CAVERNA 145
CUMPLEAÑOS (FIESTA DE) 145
CUNA 146

D

DADOS 146
DAGA 146
DAMAS (Juego de) 146
DECISIÓN 146
DEDO 147
DELANTAL 147
DENTISTA 147
DEPORTES 147
Béisbol 148
Fútbol Americano 148
Fútbol Soccer 148
Tenis 149
DESAFÍO 149
DESIERTO 149
DESNUDO 149
DESPERTADOR 149
DEUDA 150
DIABLO 150
DÍA DE CAMPO 150
DIAMANTE 150
DIENTE DE LEÓN 150
DIENTES POSTIZOS 150
DINERO 151
DIRECCIÓN 151
DISCURSO 151
DISPARAR 151
DISTURBIO 152
DOCTOR 152
DOMINÓ 152
DRAGÓN 153
DROGAS 153
DUELO 153
DURAZNOS 153

E

ECLIPSE 154
ECO 154
EJECUCIÓN 154
EJÉRCITO 154
ELECCIONES 154
ELEFANTE 155
EMBARCACIÓN 155
EMPEÑO (CASA DE) 155
ENANO 155
ENFERMEDAD 155
ENFERMERA 156
ENSALADA 156
ENTIERRO 156
ENTIERROS (AGENTE DE) 156
EPITAFIO 156
ERMITAÑO 156
ESCALERA 156
ESCARABAJO 157
ESCOBA 157
ESCRITORIO 157
ESCULTOR 157

ESPADA 157
ESPEJO 158
ESPINAS 158
ESPOSAS 158
ESQUELETO 158
ESTAMBRE 158
ESTRELLAS 158
EXPLOSIONES 159

F

FAMA 159
FANGO 159
FANTASMA 159
FARO 160
FÉRETRO 160
FERROCARRIL 160
FESTEJO 160
FIESTA 160
FLAMA 160
FLAUTA 161
FLECHA 161
FLORES/ GUIRNALDA 161
FOCA 161
FOTOGRAFÍA 161
FRASCO DE PÓLVORA 161
FRESAS 161
FRUTAS 162
 Aceitunas 162
 Cerezas 162
 Ciruelas 162
 Duraznos 162
 Fresas 162
 Granadas 162
 Higos 163
 Limones 163
 Manzanas 163
 Melocotones 163
 Melones 164
 Naranjas 164
 Nueces 164
 Peras 164
 Uvas 164
FUEGO 164
FUELLES 165
FUENTE 165
FUMAR 165
FUNERAL 165

G

GAFAS PROTECTORAS 166
GAITAS 166
GALLETA 166
GALLINA/ POLLO 166
GALLO 167
GANSO 167
GAS 167
GASA 167
GATO 167
GIGANTE 167
GITANO 168
GLOBO 168
GOLF 168
GOLONDRINA 168
GOLPE 168
GORDO/ GORDURA 169
GRAJO 169
GRANADA 169
GRANERO 169
GRANIZO 169
GRANJERO/ GRANJA 169
GRIFO (LLAVE DE AGUA) 169
GRILLO 170
GUADAÑA 170

GUANTES 170
GUERRA 171
GUIRNALDA 171
GUITARRA 171
GUSANO 171

H
HACHA 172
HALCÓN 172
HAMACA 172
HAMBRE 172
HAMBRUNA 172
HARAPOS 172
HERRERO 173
HIEDRA 173
HIELO 173
HIERBAS 173
HIGOS 173
HIJA 173
HOGAZA 173
HOJALATERO 174
HOJAS 174
HORCA 174
HORMIGAS 174
HORNO 175
HOSPITAL PSIQUIÁTRICO 175
HOYO 175
HUERTO 175
HUESOS 175
HUEVOS 175
HUMO 175
HUNDIMIENTO 175

I
IGLESIA 176
IMPRESOR 176
INCIENSO 176
INFRACCIÓN POR EXCESO DE VELOCIDAD 176
INSECTOS 176
INTERNET 177
INTOXICACIÓN 177
ISLA 177

J
JABALÍ 178
JAMÓN 178
JAULA 178
JIGA 178
JINETE 178
JOCKEY 178
JOYAS 179
JUBILACIÓN 179
JUEZ 179

L
LACAYO 179
LAGARTO 179
LÁGRIMAS 179
LÁMPARA/ LINTERNA 179
LÁTIGO 180
LECHE 180
LECHO DE MUERTE 180
LECHO DE PLUMAS 180
LEÑADOR 180
LEÓN 180
LEOPARDO 181
LIBÉLULA 181
LIBROS 181
LICORERAS 181
LIEBRE/ CONEJO 181
LIMÓN 181
LIMOSNA
LINO 181
LIRIOS 182
LISTONES 182

LLAVES 182
LLORAR 182
LLUVIA 182
LOBO 182
LOCOMOTORA 182
LOCURA 183
LUNA 183
LUNA DE MIEL 183
LUPA 183
LUTO 184

M

MACARELA 184
MACARRONES 184
MADERA 184
MAGISTRADO 184
MALABARISTA 184
MANDADO 184
MANDOLINA 185
MANGUITO 185
MANICOMIO 185
MANSIÓN 185
MANTEQUILLA 185
MANZANA 185
MAR 186
MARGARITAS 186
MARINERO 186
MARIONETAS 186
MARIPOSA 187
MARRÓN 187
MARTILLO 187
MATRIMONIO 187
MATRIMONIO MIXTO 187
MAZMORRA (CALABOZO) 187
MECEDORA 187
MEDALLAS 188
MELÓN 188
MENDIGO 188
MENTA 188
MESERO 188
MIEL 188
MIJO 188
MILITAR 188
MILLONARIO 189
MINUSVÁLIDO 189
MIRLO 189
MOCHILA 189
MOLINO DE AGUA 189
MOLINO DE VIENTO 189
MONASTERIO 189
MONJA 189
MONO 189
MONTAÑA 189
MONTAR A CABALLO 190
MONTURA 190
MORDAZA 190
MOSCAS 190
MOSTAZA 190
MOTOCICLETA 190
MUCHACHITO 191
MUELLE 191
MUÉRDAGO 191
MUERTO 191
MUJER 192
MULA 192
MURCIÉLAGO 192
MUSGO 192

N

NABO 193
NADAR 193
NARANJAS 193

NARCISOS 193
NAUFRAGIO 193
NAVIDAD (FIESTA DE)/ CUMPLEAÑOS (FIESTA DE) 193
NEBLINA 194
NIDO 194
NIEBLA/SIRENA DE NIEBLA 194
NIEVE 194
NIÑO 195
NOVELA 195
NOVIA 195
NUDOS 195
NUECES 195
NÚMEROS 195
- Cero 195
- Uno 196
- Dos 196
- Tres 196
- Cuatro 196
- Cinco 196
- Seis 196
- Siete 196
- Ocho 196
- Nueve 196

O

OBISPO 196
OBITUARIO 196
OFICIAL 197
OPULENCIA 197
ORATORIA 197
ORGANILLO 197
ÓRGANO 197
ORO 197
ORUGA 198
OSO 198
OSTRAS 198
OVEJAS 198

P

PAJA 198
PAJE 198
PALACIO 199
PALMERA 199
PALOMA 199
PANADERO/ PANADERA 199
PANDERO 199
PANECILLO 200
PANQUÉ 200
PAÑOLETA 200
PAÑUELO 200
PAPA 200
PAPALOTE 200
PARAGUAS 200
PARAÍSO 201
PARCHE EN EL OJO 201
PARCHES (COLCHA DE) 201
PASILLO 201
PASTAS SECAS 201
PASTOR 201
PATO/GANSO 201
PAVO 202
PAVO REAL 202
PECHOS 202
PELOTA 202
PELUCA 202
PELUQUERO/ PELUQUERÍA 202
PERAS 203
PEREGRINO 203
PERFUME 203
PERICO 203
PERIÓDICO 203
PERLAS 203
PERRO 203

PETRÓLEO/
GASOLINA 204
PEZ 204
PIANO 204
PICHÓN 204
PINO 205
PINTAR 205
PINTOR 205
PINTURAS 205
PIPA 205
PIRATA 205
PISTOLA 205
PIZARRA 205
PLANTAR 206
PLATA 206
PLATOS 206
PLEITO 206
PLUMA 206
PLUMA/
LÁPIZ 207
POLICÍA 207
POLLO 207
POLTRONA 207
PÓLVORA 207
PONI 207
POSTE 208
POZO 208
PRECIPICIO 208
PREDICADOR 208
PRESTAMISTA 208
PRÍNCIPE 208
PRISIÓN 208
PROCESIÓN 208
PUENTE 208
PUERCO ESPÍN 208
PUERTA
TRASERA 209
PUERTO/
MUELLE 209
PULGAS 209
PULSERA 209
PUPITRE 210

Q

QUEMAR 210
QUESO 210
QUIROMÁNTICO 210

R

RAMILLETE 211
RANA 211
RASTRILLO 211
RASURARSE 212
RATA 212
RATÓN/
RATONES 212
REGALO 213
REINA 213
REJA 213
RELÁMPAGO 213
RELICARIO 213
RELOJ 214
RELOJ DE ORO 214
RELOJ DE
PULSERA 214
REMO 214
REMOLINO 215
REPIQUE 215
REPTIL 215
REVISTA 215
REVÓLVER 215
RIACHUELO 215
RÍO 215
RIQUEZA 216
RIVAL 216
RIZOS 216
ROBLE 216
ROCA 216
ROCÍO 217
RODILLAS 217
ROJO 217

ROPA 217
ROPA INTERIOR 217
ROSA 217
RUBÍ 218
RUEDAS 218
RUNIÓN 218
Abogado 218
Abuelo 218
Amante 218
Anciano(a) 218
Cardenal 218
Cerrajero 218
Ciego 218
Doctor 219
Enano 219
Enfermera 219
Ermitaño 219
Escultor 219
Lacayo 219
Leñador 219
Jinete 219
Juez 219
Marinero 219
Mendigo 219
Mesero(a) 219
Millonario 219
Minusválido 219
Paje 219
Panadero 220
Pastor 220
Peregrino 220
Pintor 220
Policía 220
Prestamista/
Banquero 220
Príncipe 220
Reina 220
Rival 220
Sacerdote 220
Sastre 220
Secretaria 220
Señor/Señora 220
Terrorista 220
Tío 220
Trabajador 220
Verdugo 220

S

SABUESOS 221
SACACORCHOS 221
SACERDOTE 221
SAL 221
SALCHICHAS 221
SALÓN DE BAILE 221
SALTAMONTES 222
SANDALIAS 222
SANGRE 222
SANGUIJUELA 222
SAPO 222
SASTRE 222
SATÍN 222
SECRETARIA 222
SED 223
SEDA 223
SEÑOR 223
SEÑORA 223
SEPULCRO/LÁPIDA
SEPULCRAL 223
SERMÓN 223
SERPIENTE 223
SERVILLETA 223
SETO 223
SICÓMORO 224
SILLA 224
SILLÓN 224
SIMIO/MONO 224
SIRENA 224

SIRVIENTA 224
SOBRE 225
SOLDADO 225
SOLTERO 225
SOMBRAS 225
SOMBRERO 225
SOMBRILLA 226
SOPA 226
SORDO 226
SÓTANO 226
SUBASTA 226
SUSTO 226

T
TAMBOR 227
TÁNDEM 227
TAPETE 227
TAPETE/ ALFOMBRA 227
TARDANZA 227
TARJETA POSTAL 228
TATUAJE 228
TAXI 228
TÉ 228
TEATRO 228
TEJO 228
TEJÓN 229
TELARAÑA 229
TELESCOPIO 229
TELEVISIÓN/ VIDEO 229
TERCIOPELO 229
TERREMOTO 229
TERRORISTA 230
TESORO 230
TESTAMENTO 230
TETERA 230
TÍA 230
TIBURÓN 230
TIENDA DE CAMPAÑA 230
TIGRE 231
TIJERAS 231
TINTA 231
TÍO/TÍA 231
TIOVIVO 231
TIZA/GIS 231
TORBELLINO 232
TORO 232
TORTUGA 232
TRABAJADOR 232
TRABAJO 232
TRANSBOR-DADOR 233
TRÉBOL 233
TREN 233
TRIATES 234
TRIGO 234
TROMBÓN 234
TROMPETA 234
TRUENO Y RELÁMPAGO 234
TULIPANES 234
TUMBA 235
TÚNEL 235

U
ÚLCERAS 235
URGENCIA 236
UVAS 236

V
VACA 236
VAGABUNDO 236
VAGÓN 236
VAJILLA 236
VALLE 236

VARDO 237
VASIJA 237
VASO 237
VELA 237
VELO 237
VENADO 237
VENDA EN LOS OJOS 238
VENUS 238
VERDE 238
VERDUGO 238
VESTIR (PRENDAS DE) 238
Abanico 238
Agujas 238
Alfileres 238
Banda (cinto) 238
Bordado 239
Cadena 239
Gasa 239
Guantes 239
Jarretera (liga) 239
Lino 239
Listones 239
Manguillo 239
Perlas 239
Plumas 239
Seda 240
Sombrero 240
Terciopelo 240
Velo 240
Zapatos 240
VESTIDO (BLANCO) 240
VIAJAR 241
VINAGRE 241
VIÑEDO 241
VIOLETA 241
VIOLÍN 241
VIRGEN 241
VIUDA 242
VÍBORA 242
VOLAR 242

Y

YATE 242
YEGUA 242
YUNTA 243
YUNQUE 243

Z

ZANJA 243
ZAPATOS 243
ZODIACO 243
Aries 243
Tauro 243
Géminis 244
Cáncer 244
Leo 244
Virgo 244
Libra 244
Escorpión 244
Capricornio 244
Acuario 244
ZORRA 245
ZORRO 245

TÍTULOS DE ESTA COLECCIÓN

30,000 Nombres para Bebés. *Vivi Morales*
Ángeles, Demonios y Dioses del Nuevo Milenio. *Duquette*
Ataque a la Civilización. *Stephannie J. Clement*
Clonación ¿El Futuro de la Humanidad? *Varios*
Diccionario Gitano de los Sueños. *R. Buckland*
Diccionario Máximo de los Sueños. *E. Goldberg*
El Continente Perdido de Mu. *Col. J. Churchward*
El Proyecto Divino. *Robert Perala/Tony Stubbs*
El Libro Completo de los Vampiros. *N. Jackson*
El Mundo de los Anillos. *Lowson, Marshall y O'Brian*
El Otro Titán: Iván Illich. *Jorge Márquez Muñoz*
El Sueño y sus Símbolos. *Marie Coupal*
El Temible Mal de Ojo. *M. A. Gómez Pérez*
Esoterismo. *Fortune Dion*
Fantasmas, Leyendas y Realidades. *Varios*
Fragmentos Originales del Necronomicón. *Bigliano*
Galería Extraterrestre. *C. Guzmán y F. Domínguez*
Historias de Vampiros. *Nancy Kilpatrick*
La Atlántida. *J. M. Allen*
Las más Famosas Leyendas de la Mitología. *R. Fox*
Las Momias Hablan. *Varios*
Las Profecías de Nostradamus
Las Profecías de Nostradamus y Diccionario
Las Profecías del ¿Juicio Final? *Varios*
Los Hijos de Mu. *Col. James Churchward*
Los Símbolos Sagrados de Mu. *Col. J. Churchward*
Los Sueños. *Morfeo*
Los OVNIs y la Aviación Mexicana. *Guzmán/Salazar*
Más Allá de lo Creíble. *Francisco Domínguez*
Origen y Significado de los Nombres Propios. *Velázquez*
Para Leer frente al Mar. (Intimidades y otras Yerbas) *N. Medina*
Practicando Magia. *Draja Mickaharic*
Relatos Verdaderos de Fantasmas. *Varios*
Resurgimiento de Lucifer. *Gavin Baddeley*
Ritos y Mitos de la Muerte en México... *Gómez/Delgado*
San Cono: Sueños, Numerología, Oraciones y Milagros
Síndrome del Contactado. *Varios*
Tiempo de Hienas. *Néstor Medina*
Tu Escritura, Quién y Cómo Eres. *Carmen Alfonso*

Este libro se terminó de imprimir
en los talleres de Castillo
y Asociados Impresores,
Camelia 4, col. El Manto,
México, D.F.